Hallo, ...
Dein Name

mit uns lernst du den PC richtig zu benutzen.

Du lernst

 das Computer-ABC in den GRUNDLAGEN,

 zeichnen mit PAINT,

 schreiben mit WORD,

 präsentieren mit POWERPOINT,

 einsteigen ins Internet mit dem INTERNET EXPLORER.

- Dazu stelle PCfit neben deinem Monitor auf.
- Schaue dir die Anweisungen auf den bunten Übungsseiten genau an und befolge sie Schritt für Schritt.
- Auf jeder grauen Rückseite findest du Vorschläge, was du mit dem Erlernten noch alles machen kannst.
- Wenn du eine Übung erfolgreich beendet hast, schneide das gelbe Dreieck rechts unten ab und klebe es auf die passende Lernziel-Kontrollseite.

Viel Freude und Spaß mit PCfit!

In PCfit findest du oft Zeichen, wir nennen sie auch Symbole.
Auf dieser Seite erklärt dir Igitt! genau, was du dann tun sollst!

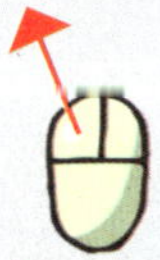

Drücke mit deinem Zeigefinger die linke Maustaste!

Drücke mit deinem Zeigefinger zweimal schnell hintereinander auf die linke Maustaste!

Drücke mit deinem längsten Finger auf die rechte Maustaste!

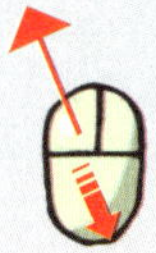

Drücke mit deinem Zeigefinger auf die linke Maustaste, halte die Taste gedrückt und verschiebe die Maus dorthin, wo du willst. Nun die Maustaste loslassen.

Halte mit deinem Zeigefinger diese Taste gedrückt!

Warte, bis etwas passiert!

Inhaltsverzeichnis

URKUNDE

HIERMIT WIRD BESTÄTIGT, DASS

PCFIT GENAU DURCHGEARBEITET HAT
UND SICH NUN BEREITS
SEHR GUT
MIT DEM COMPUTER AUSKENNT.

IVAN IGITT INGA

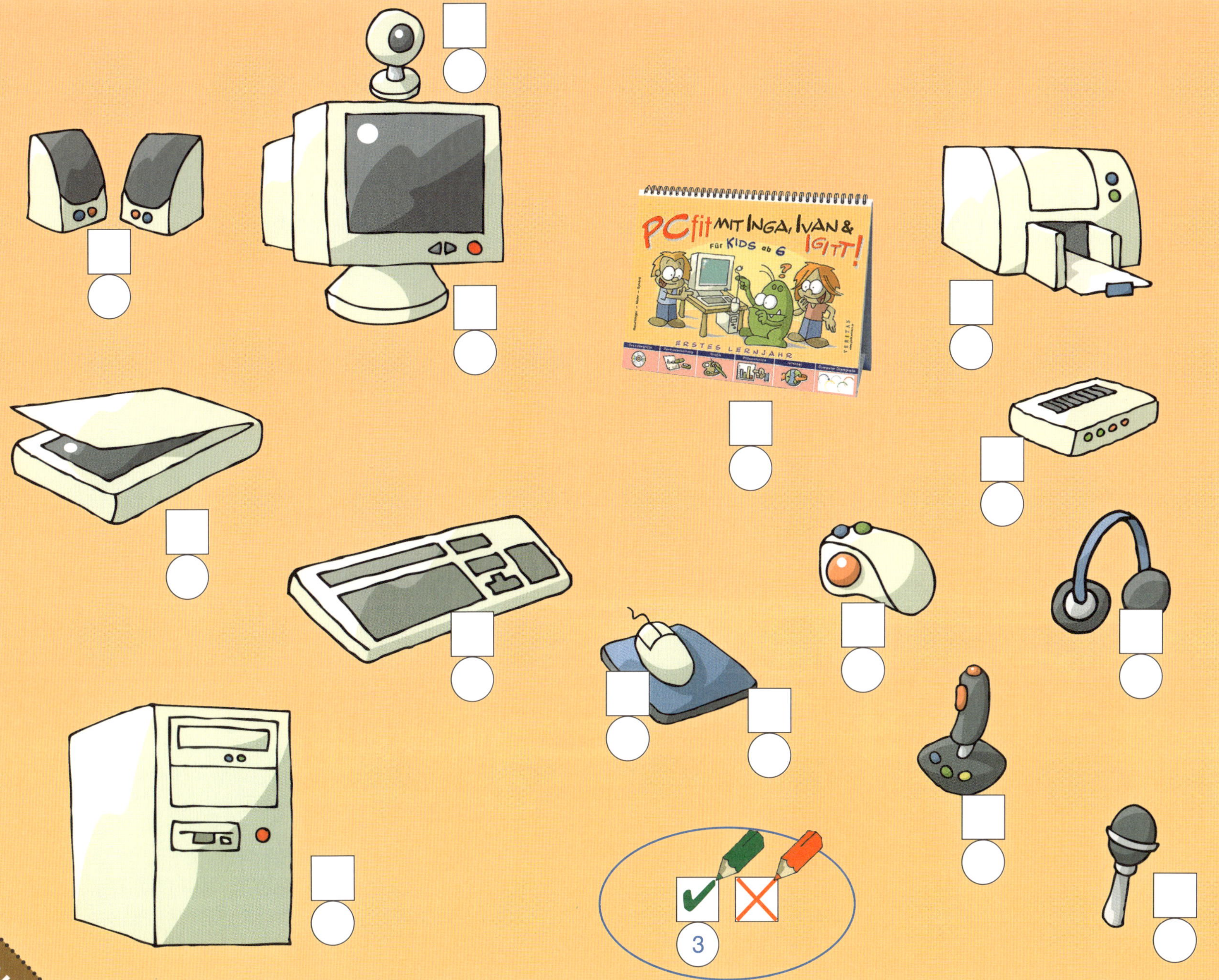

Für Leser:

1. Rechner
2. Bildschirm
3. Maus
4. Mauspad
5. Tastatur
6. Drucker
7. Lautsprecher
8. PCfit
9. Scanner
10. Kopfhörer
11. Mikrofon
12. Trackball
13. Modem
14. Joystick
15. Webcam

Teile des PC

Mein Computer

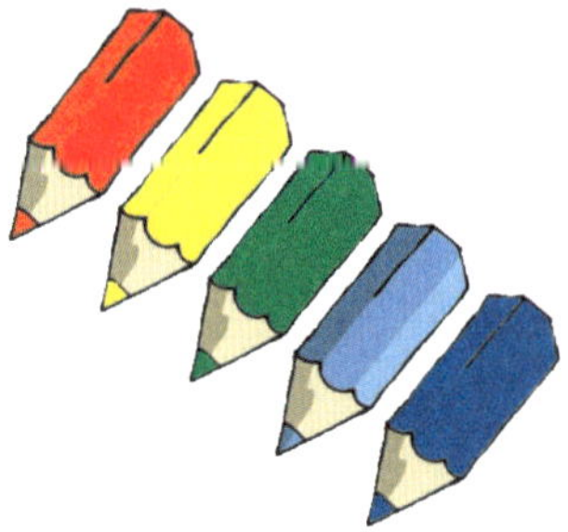

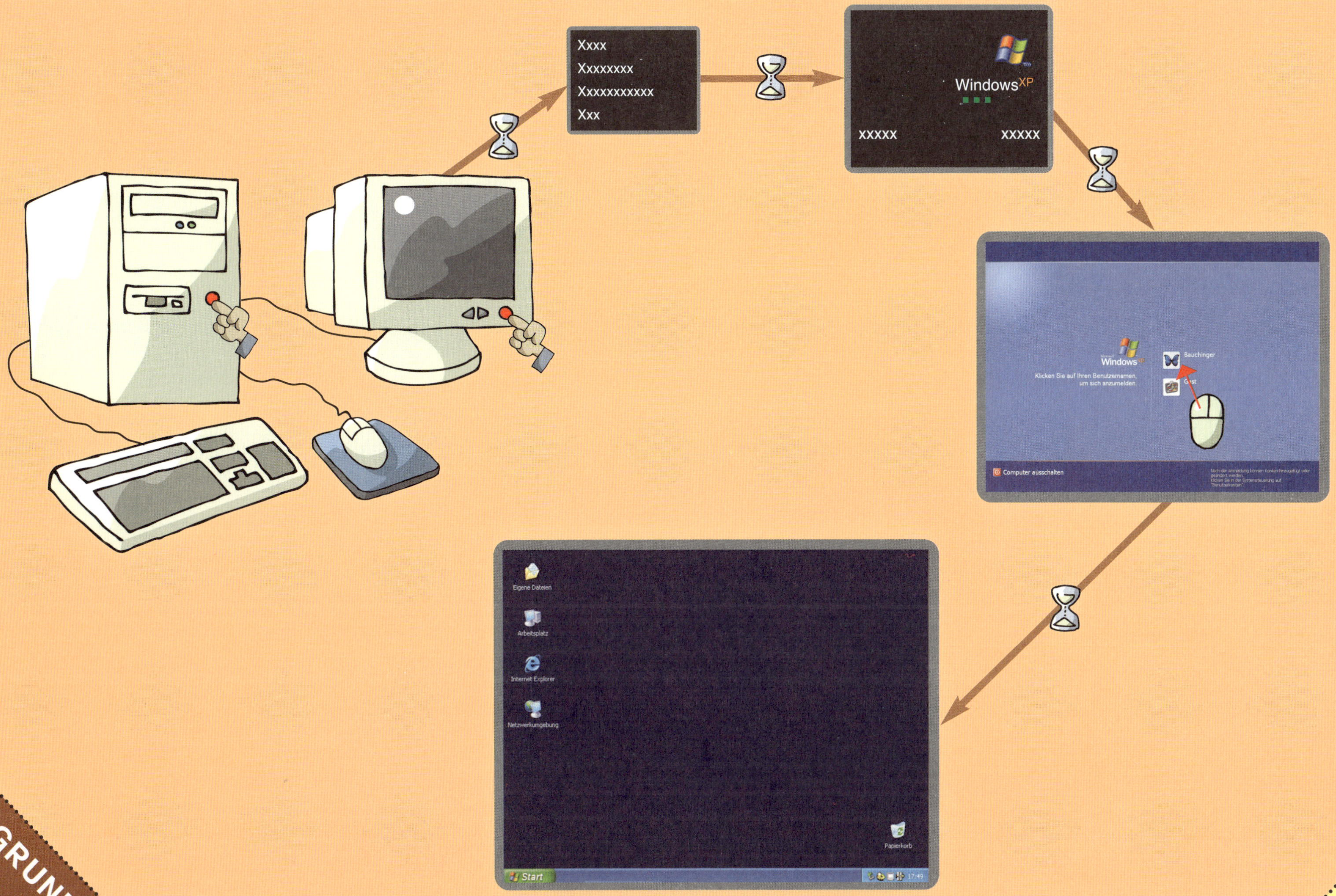
Xxxx
Xxxxxxxx
Xxxxxxxxxxx
Xxx
Windows XP
xxxxx
xxxxx
Windows
Klicken Sie auf Ihren Benutzernamen, um sich anzumelden.
Bauchinger
Computer ausschalten
Eigene Dateien
Arbeitsplatz
Internet Explorer
Netzwerkumgebung
Papierkorb
Start
17:49

GRUNDLAGEN

PC einschalten

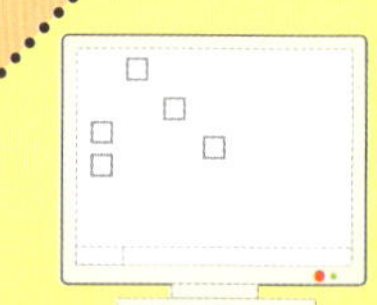

Mein Desktop

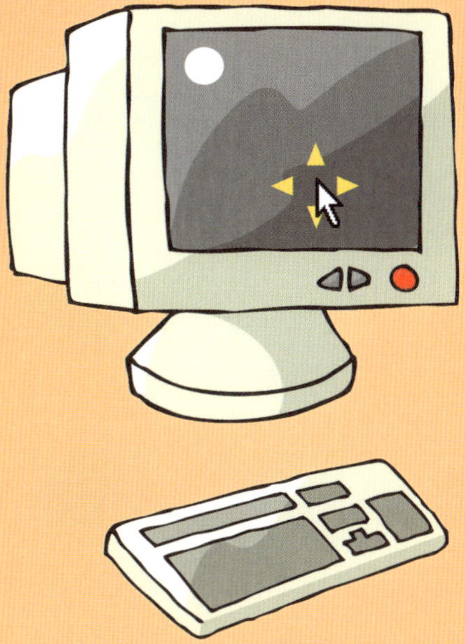

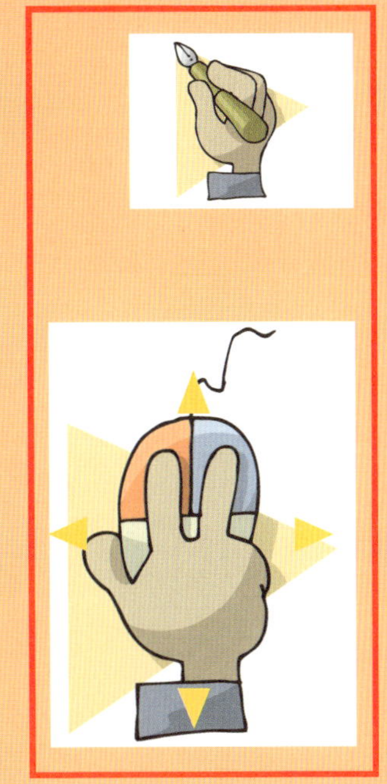

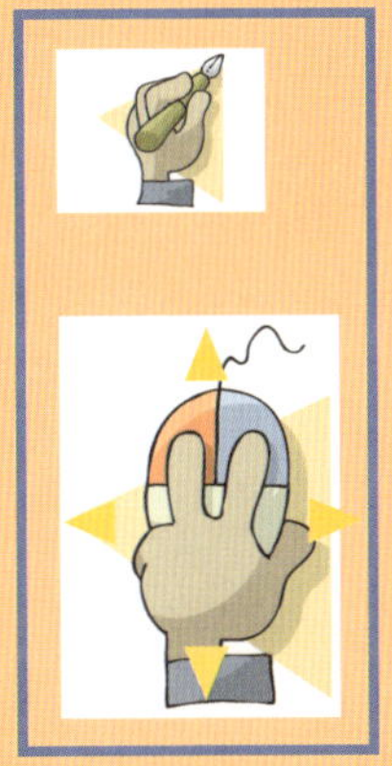

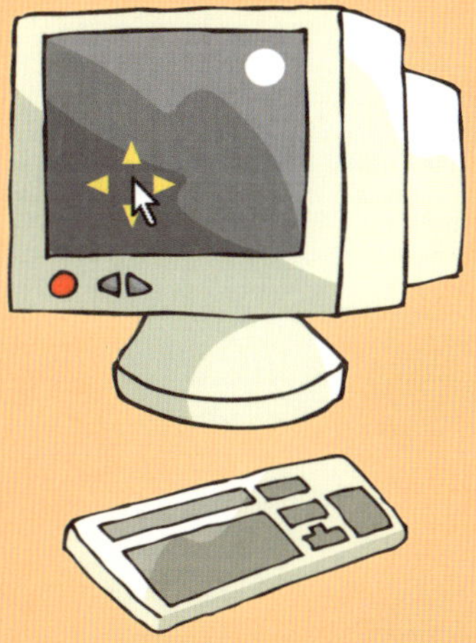

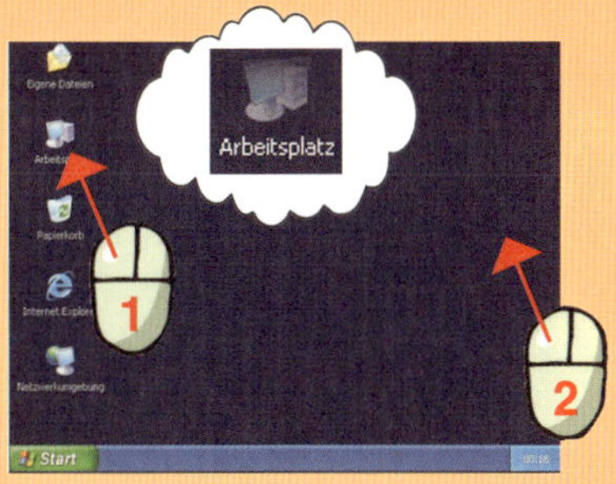
Arbeitsplatz
1
2
Start

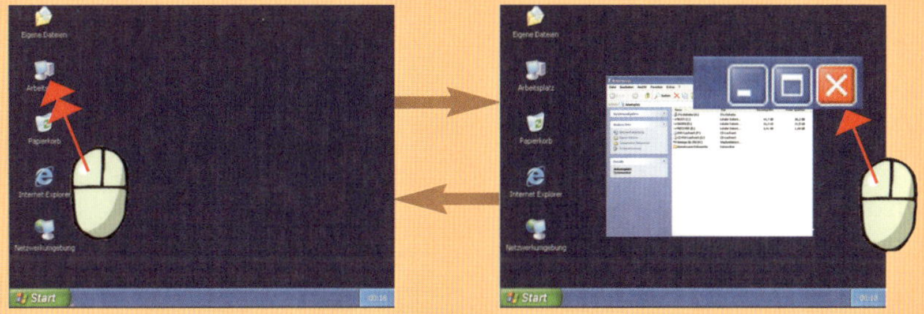
Start
Start

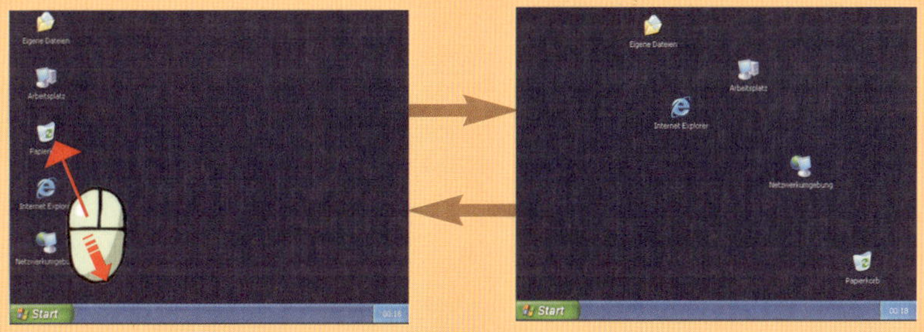
Start
Start

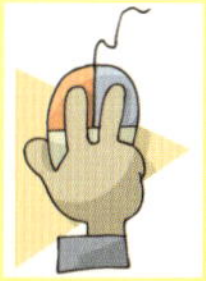

Meine Maus

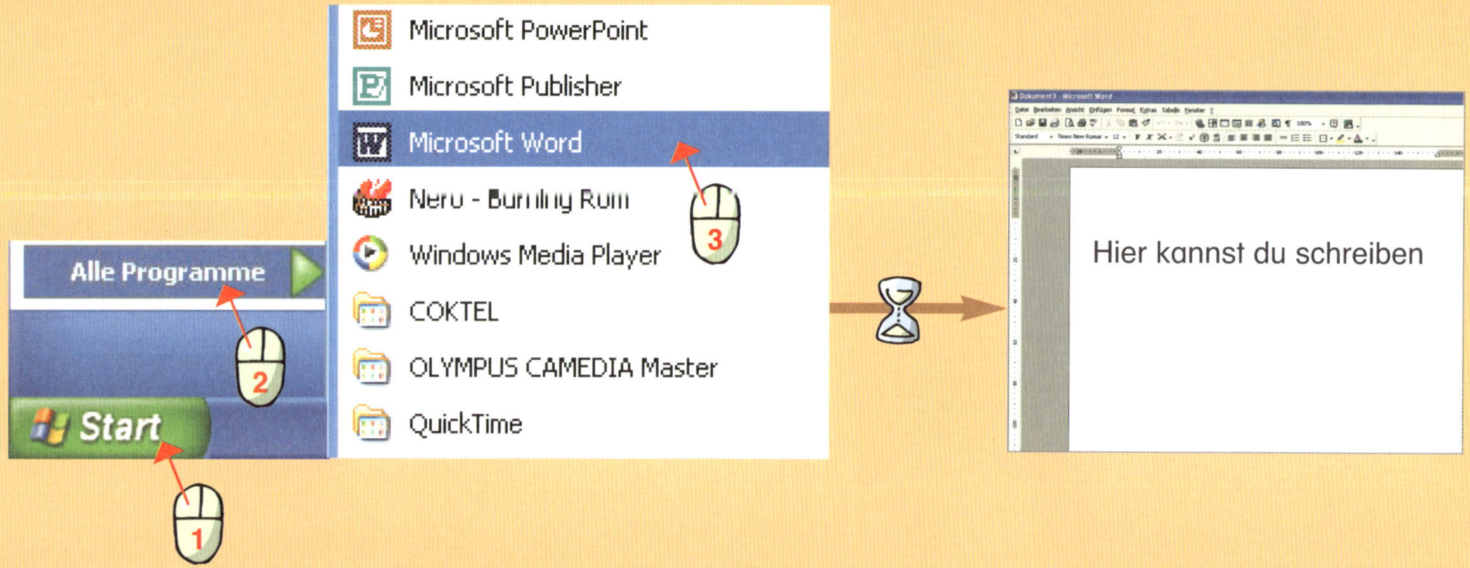

GRUNDLAGEN

Programm öffnen, Fenstergröße ändern

Die Tastatur

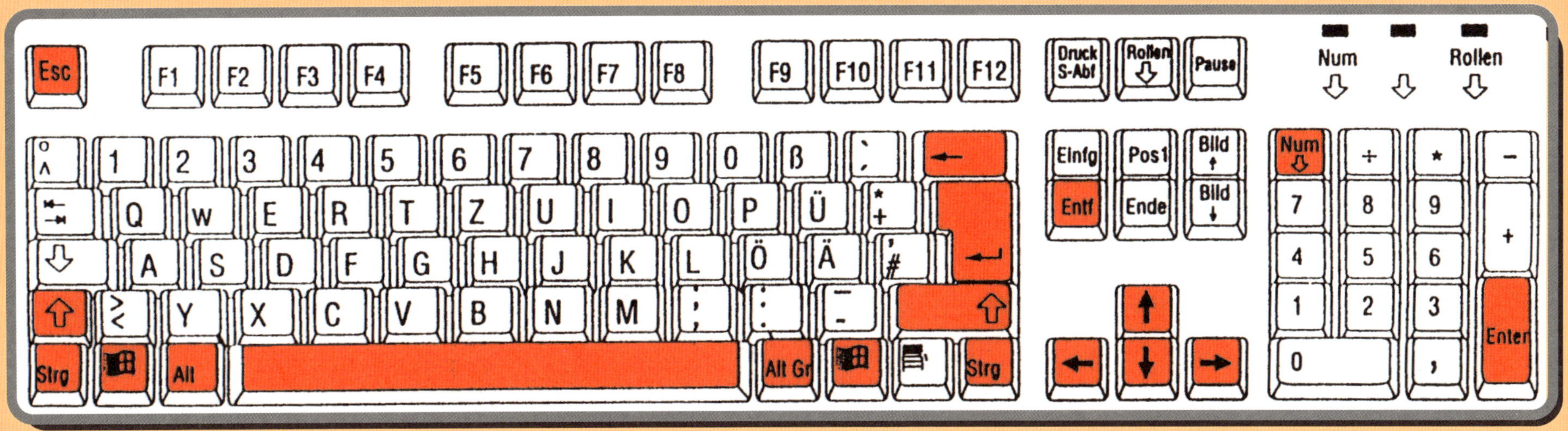

Bemale die wichtigen Tasten

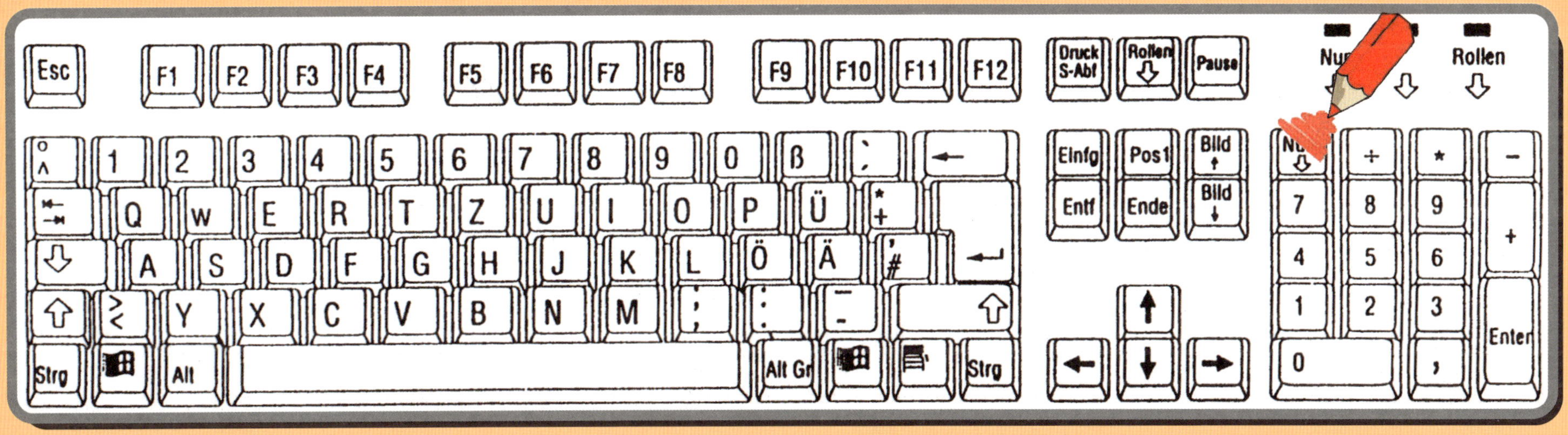

GRUNDLAGEN

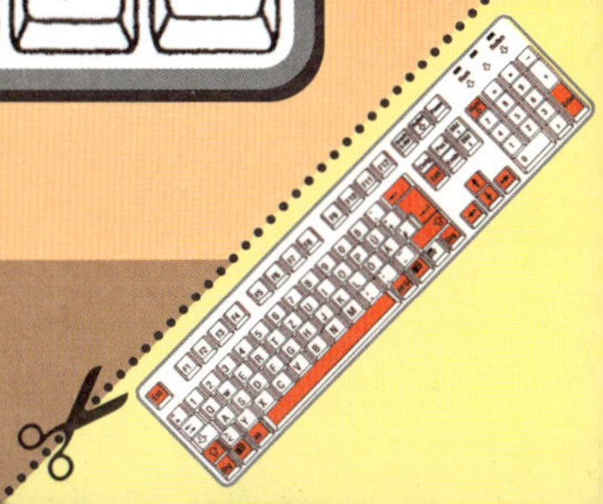

Funktionstasten

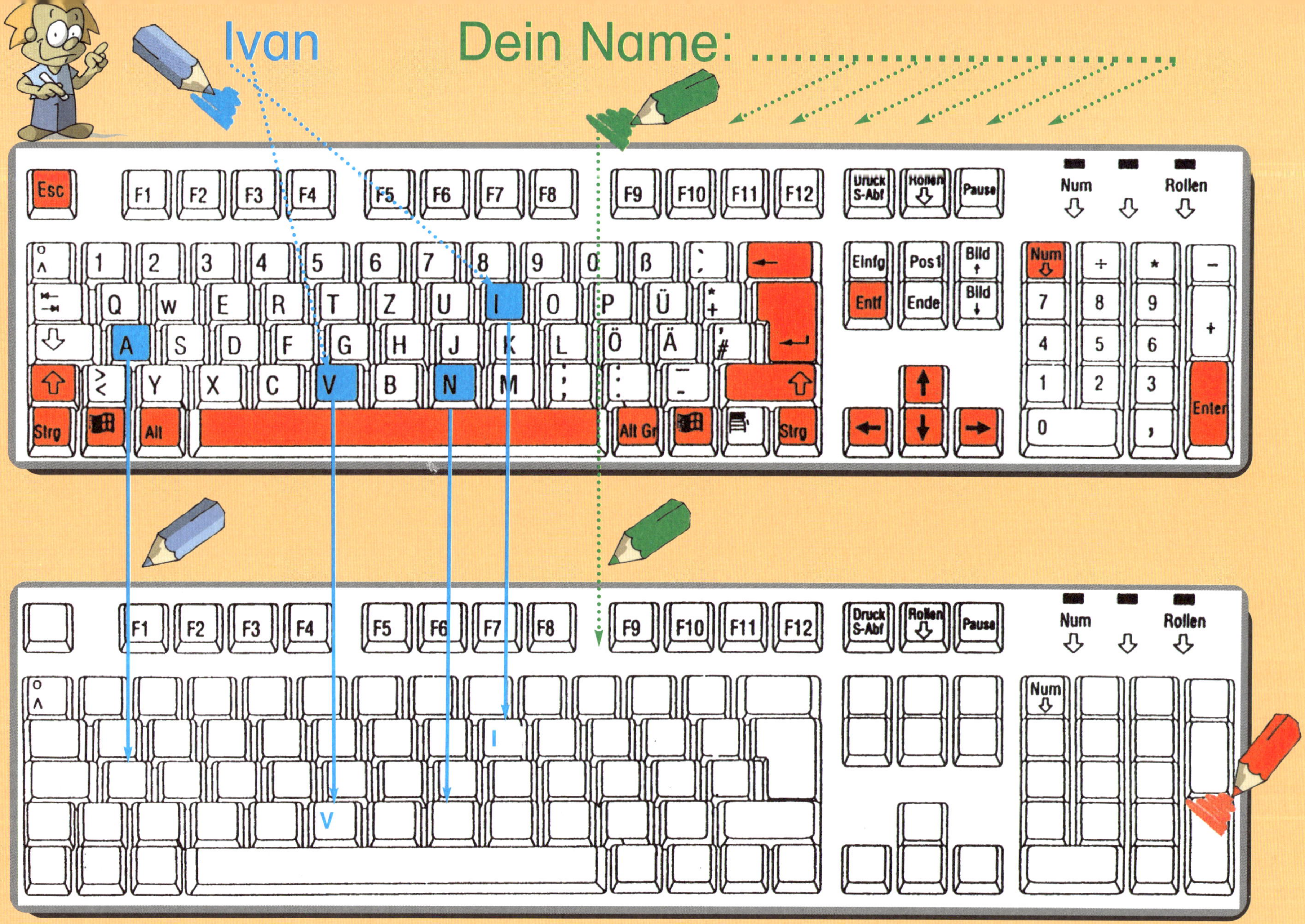

GRUNDLAGEN

Buchstabentasten

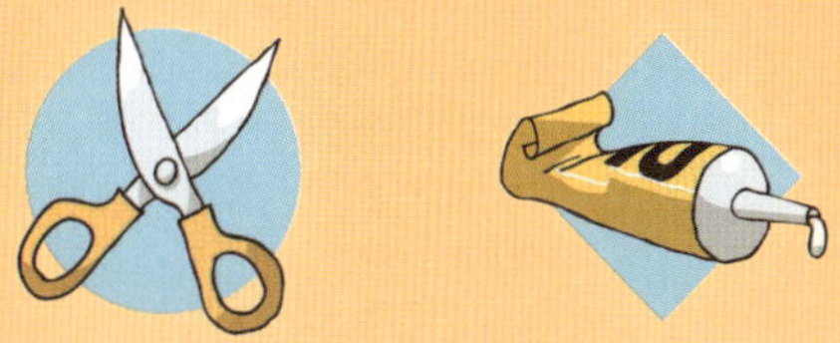

Tastaturpuzzle

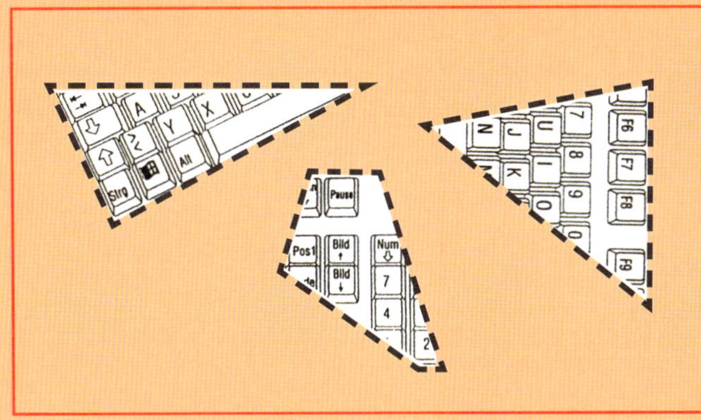

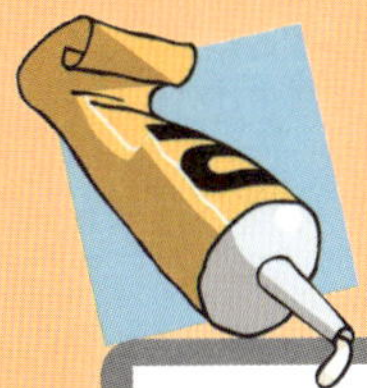

GRUNDLAGEN

Aufkleben des Tastaturpuzzles

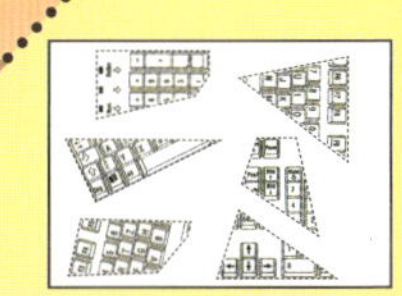

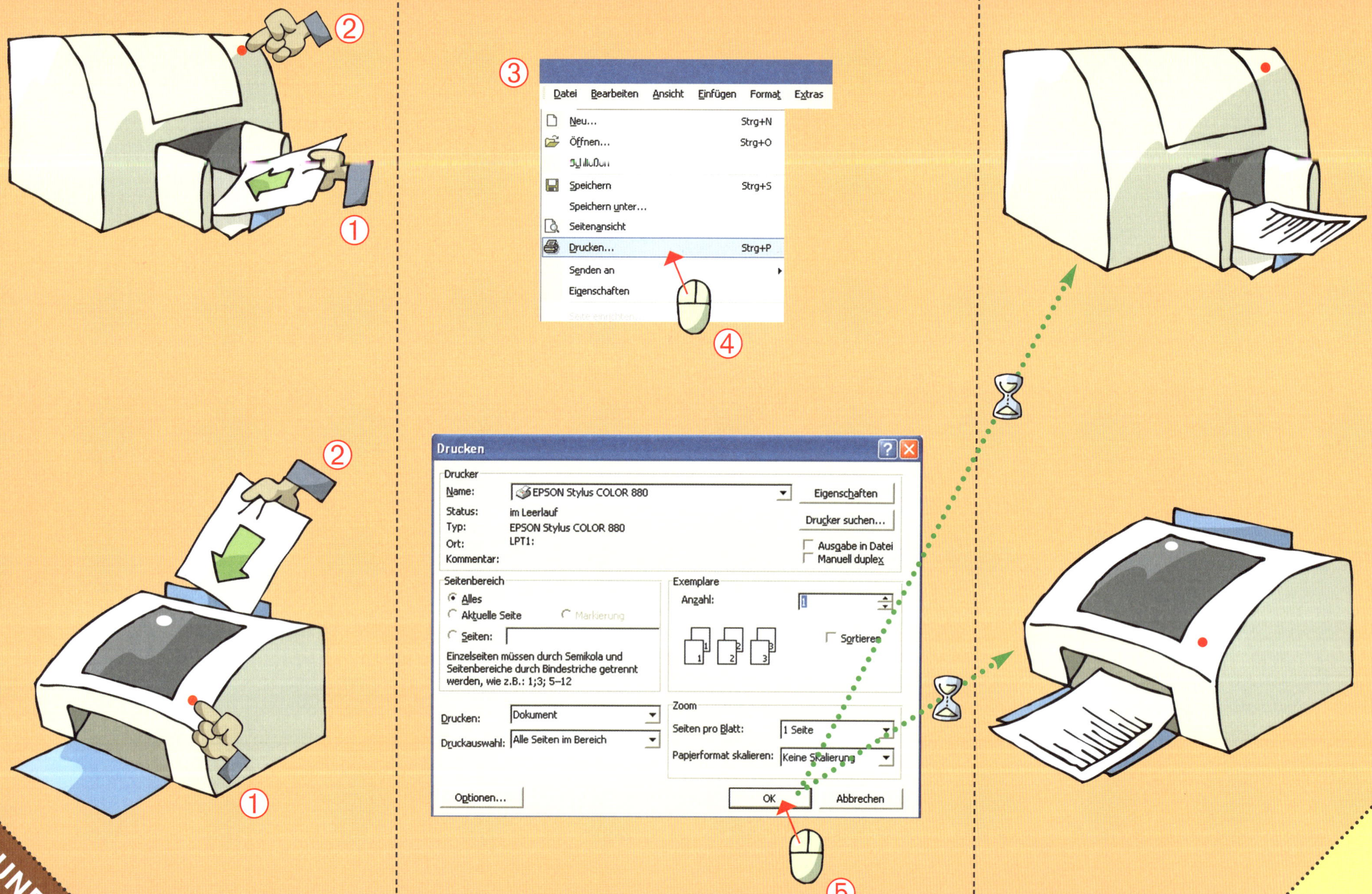
①
②
③
Datei Bearbeiten Ansicht Einfügen Format Extras
Neu… Strg+N
Öffnen… Strg+O
Speichern Strg+S
Speichern unter…
Seitenansicht
Drucken… Strg+P
Senden an
Eigenschaften
④
Drucken
Drucker
Name: EPSON Stylus COLOR 880
Eigenschaften
Status: im Leerlauf
Drucker suchen…
Typ: EPSON Stylus COLOR 880
Ort: LPT1:
Ausgabe in Datei
Manuell duplex
Kommentar:
Seitenbereich
Alles
Aktuelle Seite
Markierung
Seiten:
Einzelseiten müssen durch Semikola und Seitenbereiche durch Bindestriche getrennt werden, wie z.B.: 1;3; 5–12
Exemplare
Anzahl: 1
Sortieren
Drucken: Dokument
Druckauswahl: Alle Seiten im Bereich
Zoom
Seiten pro Blatt: 1 Seite
Papierformat skalieren: Keine Skalierung
Optionen…
OK
Abbrechen
⑤

GRUNDLAGEN

Drucken

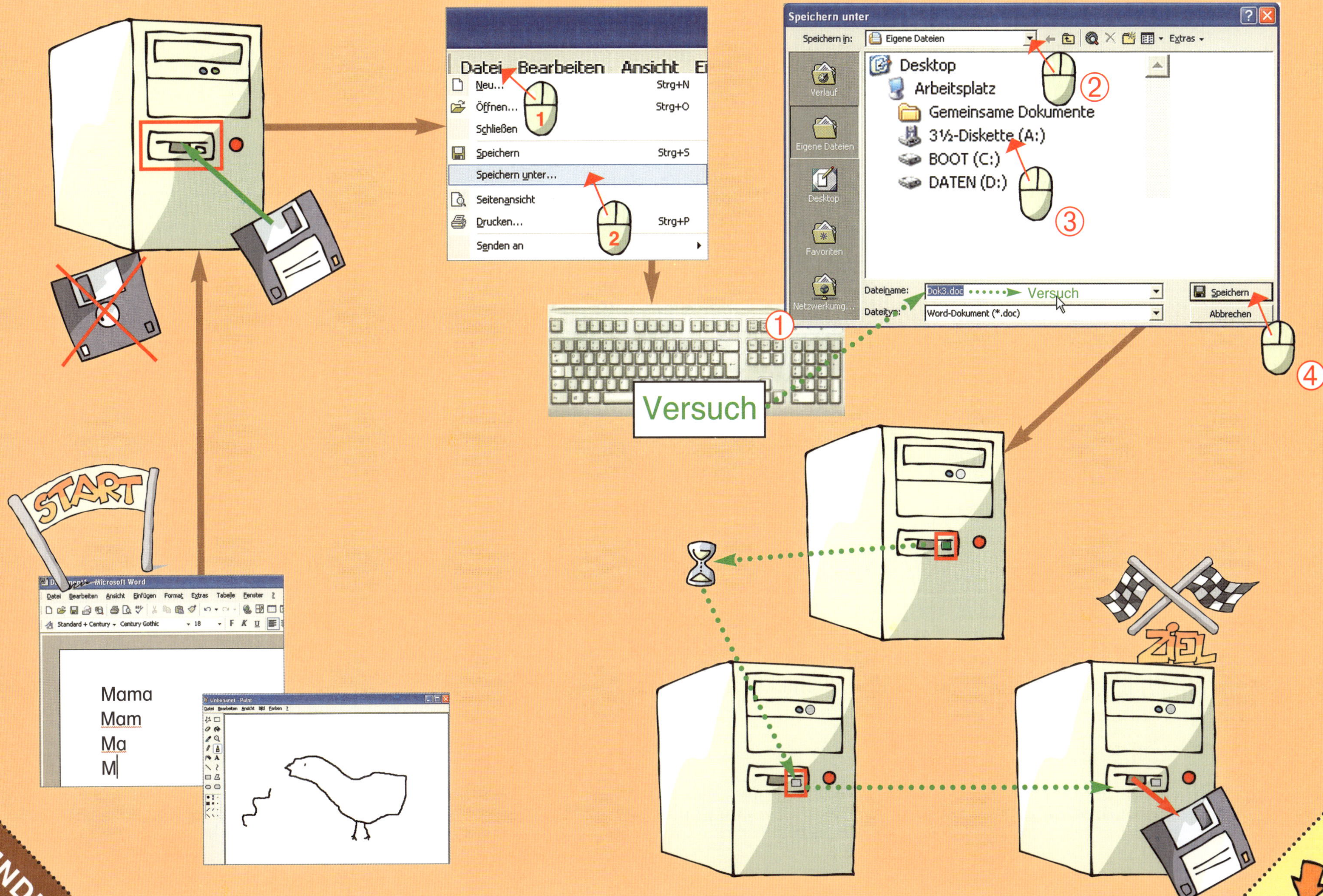
Datei Bearbeiten Ansicht
Neu… Strg+N
Öffnen… Strg+O
Schließen
Speichern Strg+S
Speichern unter…
Seitenansicht
Drucken… Strg+P
Senden an
Speichern unter
Speichern in: Eigene Dateien
Desktop
Arbeitsplatz
Gemeinsame Dokumente
3½-Diskette (A:)
BOOT (C:)
DATEN (D:)
Verlauf
Eigene Dateien
Desktop
Favoriten
Netzwerkumg…
Dateiname: Dok3.doc Versuch
Dateityp: Word-Dokument (*.doc)
Speichern
Abbrechen
Versuch
START
Mama
Mam
Ma
M
ZIEL

Speichern auf Diskette

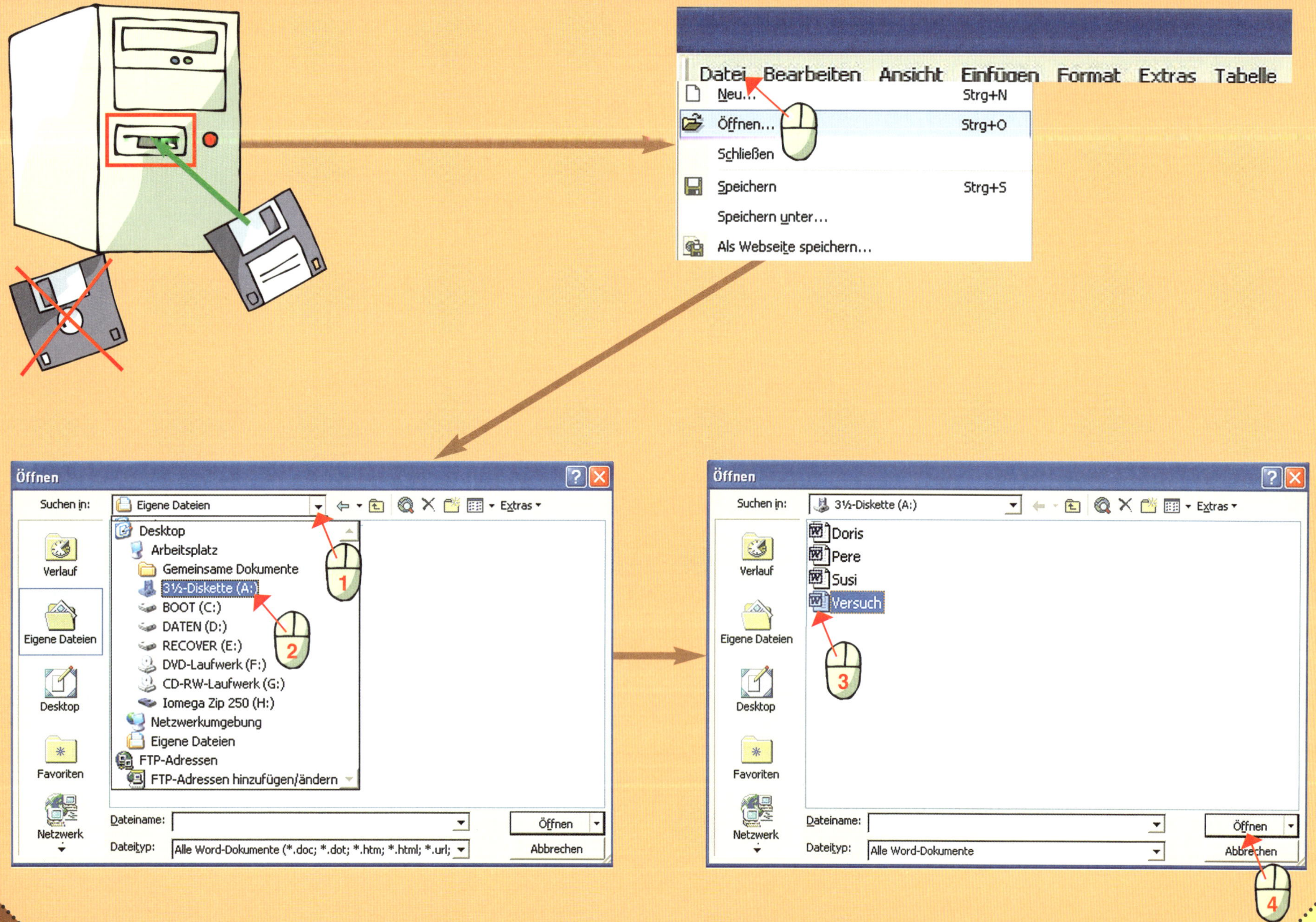

Datei
Bearbeiten
Ansicht
Einfügen
Format
Extras
Tabelle
Neu...
Strg+N
Öffnen...
Strg+O
Schließen
Speichern
Strg+S
Speichern unter...
Als Webseite speichern...
Öffnen
Suchen in:
Eigene Dateien
Extras
Desktop
Arbeitsplatz
Gemeinsame Dokumente
3½-Diskette (A:)
BOOT (C:)
DATEN (D:)
RECOVER (E:)
DVD-Laufwerk (F:)
CD-RW-Laufwerk (G:)
Iomega Zip 250 (H:)
Netzwerkumgebung
Eigene Dateien
FTP-Adressen
FTP-Adressen hinzufügen/ändern
Verlauf
Eigene Dateien
Desktop
Favoriten
Netzwerk
Dateiname:
Dateityp:
Alle Word-Dokumente (*.doc; *.dot; *.htm; *.html; *.url;
Öffnen
Abbrechen
1
2
Öffnen
Suchen in:
3½-Diskette (A:)
Extras
Doris
Pere
Susi
Versuch
Verlauf
Eigene Dateien
Desktop
Favoriten
Netzwerk
Dateiname:
Dateityp:
Alle Word-Dokumente
Öffnen
Abbrechen
3
4

GRUNDLAGEN

Datei öffnen von Diskette

I R CH G M T I

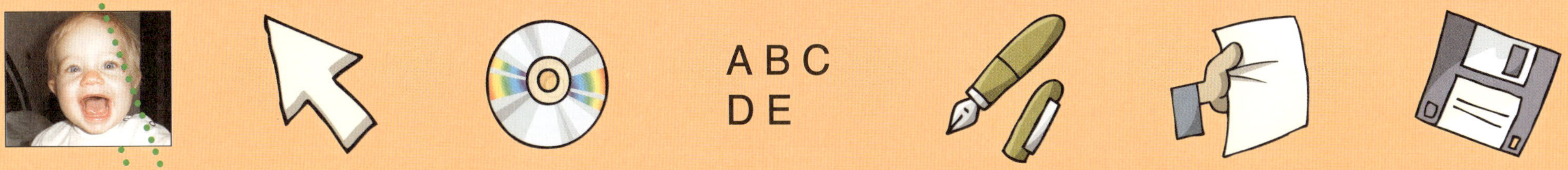

Verbinde, was zusammengehört!

Ein Teil passt nicht zum Computer!

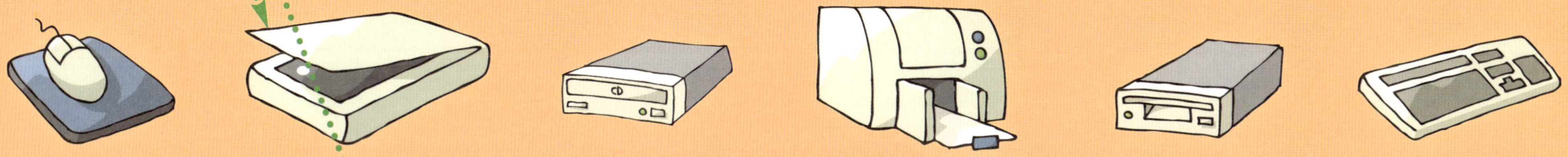

I

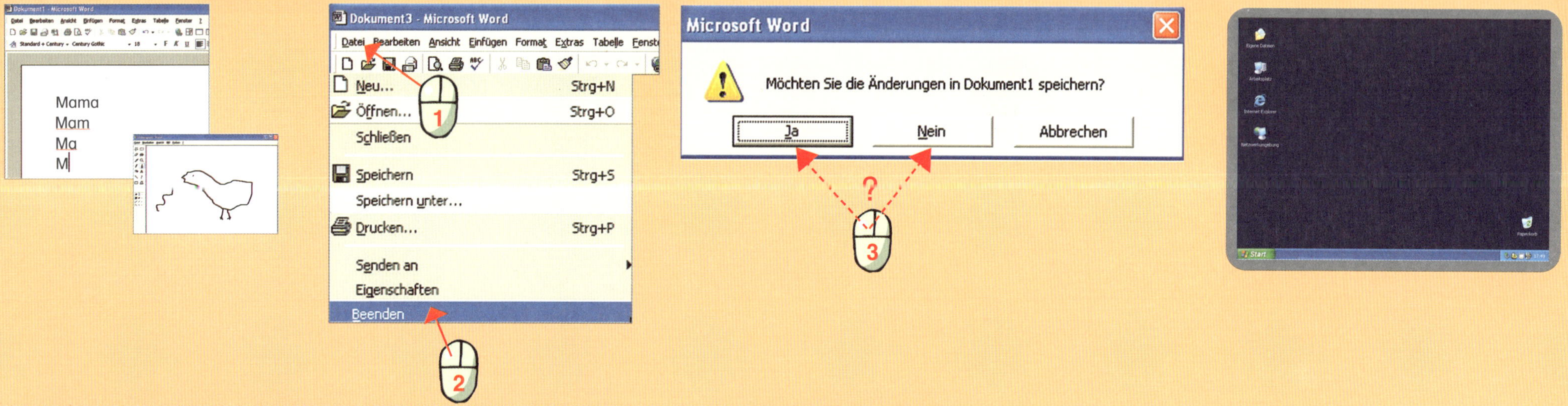
Mama
Mam
Ma
M
Dokument3 - Microsoft Word
Datei Bearbeiten Ansicht Einfügen Format Extras Tabelle Fenster
Neu... Strg+N
Öffnen... Strg+O
Schließen
Speichern Strg+S
Speichern unter...
Drucken... Strg+P
Senden an
Eigenschaften
Beenden
1
2
Microsoft Word
Möchten Sie die Änderungen in Dokument1 speichern?
Ja
Nein
Abbrechen
?
3
Start

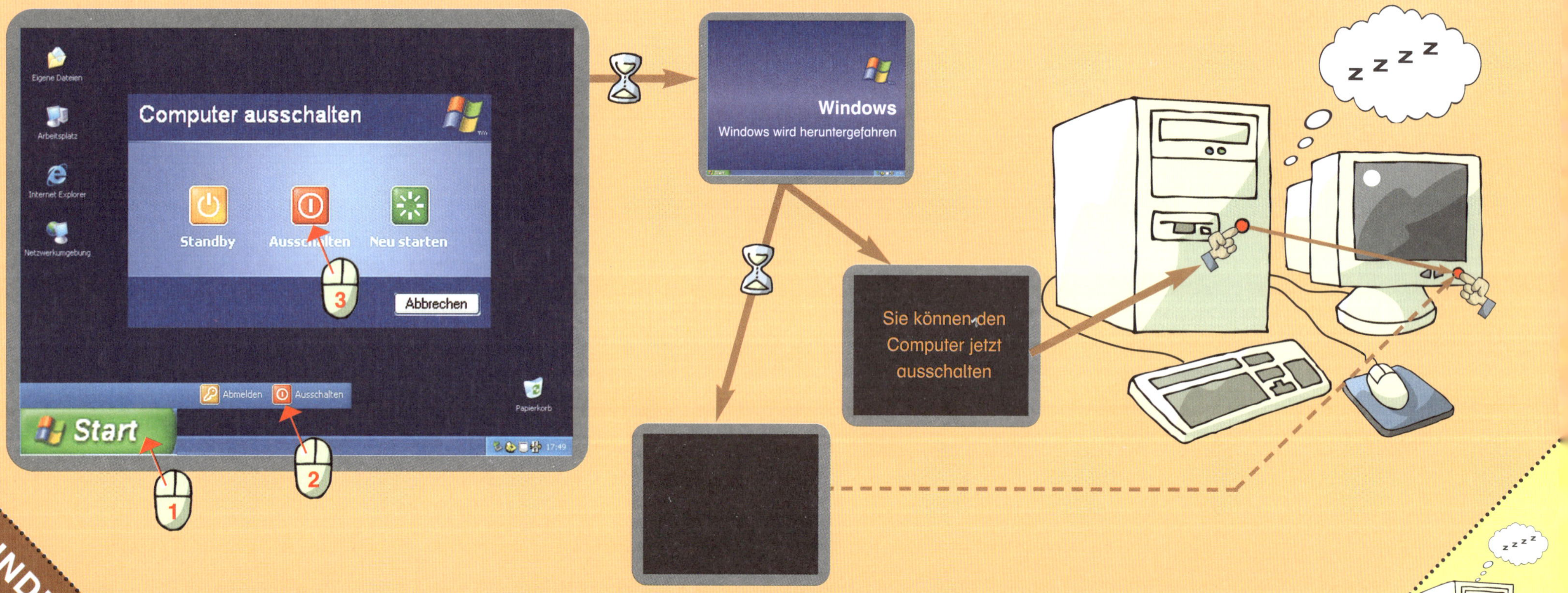
Eigene Dateien
Arbeitsplatz
Internet Explorer
Netzwerkumgebung
Computer ausschalten
Standby
Ausschalten
Neu starten
Abbrechen
Abmelden
Ausschalten
Papierkorb
Start
1
2
3
Windows
Windows wird heruntergefahren
Sie können den Computer jetzt ausschalten
z z z z

Programm schließen, PC ausschalten

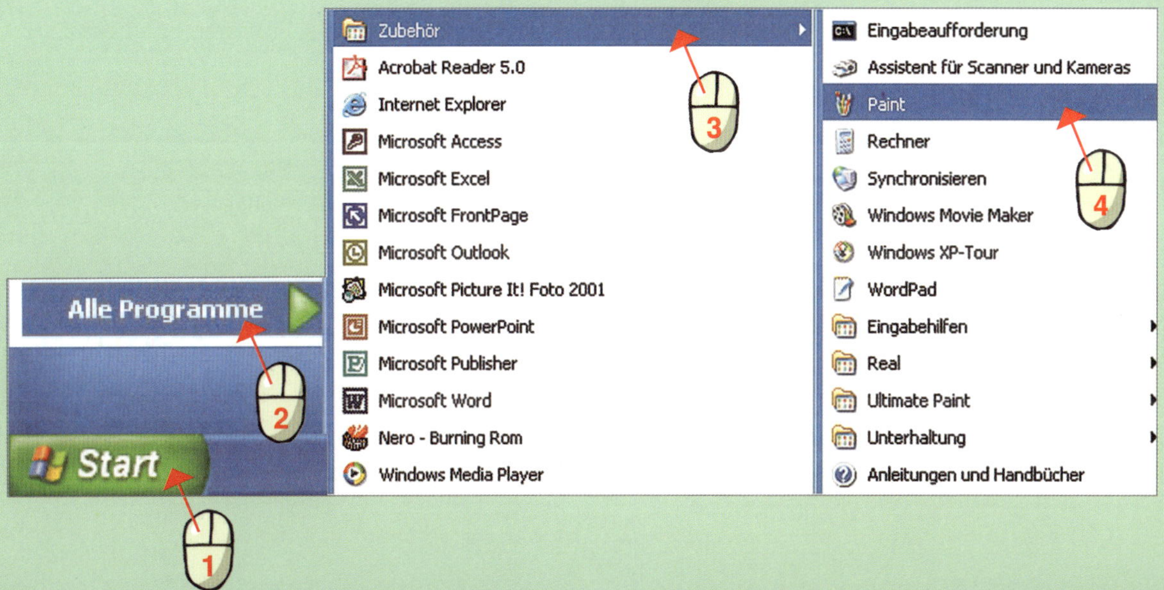
Zubehör
Acrobat Reader 5.0
Internet Explorer
Microsoft Access
Microsoft Excel
Microsoft FrontPage
Microsoft Outlook
Microsoft Picture It! Foto 2001
Microsoft PowerPoint
Microsoft Publisher
Microsoft Word
Nero - Burning Rom
Windows Media Player
Eingabeaufforderung
Assistent für Scanner und Kameras
Paint
Rechner
Synchronisieren
Windows Movie Maker
Windows XP-Tour
WordPad
Eingabehilfen
Real
Ultimate Paint
Unterhaltung
Anleitungen und Handbücher
Alle Programme
Start
1
2
3
4

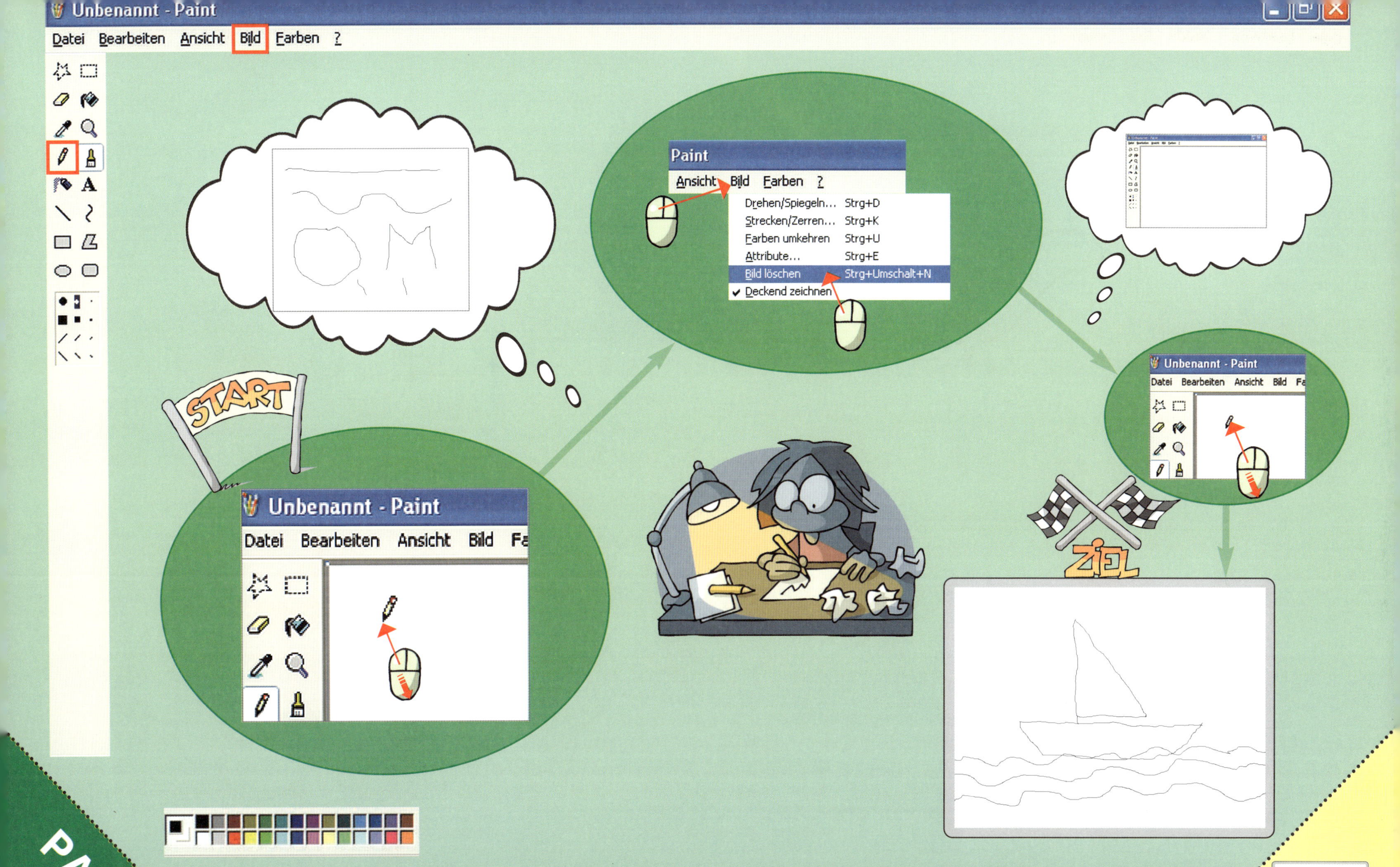
Unbenannt - Paint
Datei Bearbeiten Ansicht Bild Farben ?
START
Paint
Ansicht Bild Farben ?
Drehen/Spiegeln... Strg+D
Strecken/Zerren... Strg+K
Farben umkehren Strg+U
Attribute... Strg+E
Bild löschen Strg+Umschalt+N
Deckend zeichnen
Unbenannt - Paint
Datei Bearbeiten Ansicht Bild Fa
Unbenannt - Paint
Datei Bearbeiten Ansicht Bild Fa
ZIEL
PAINT

Erstes Zeichnen, Bild löschen

Unbenannt - Paint
Datei Bearbeiten Ansicht Bild Farben ?

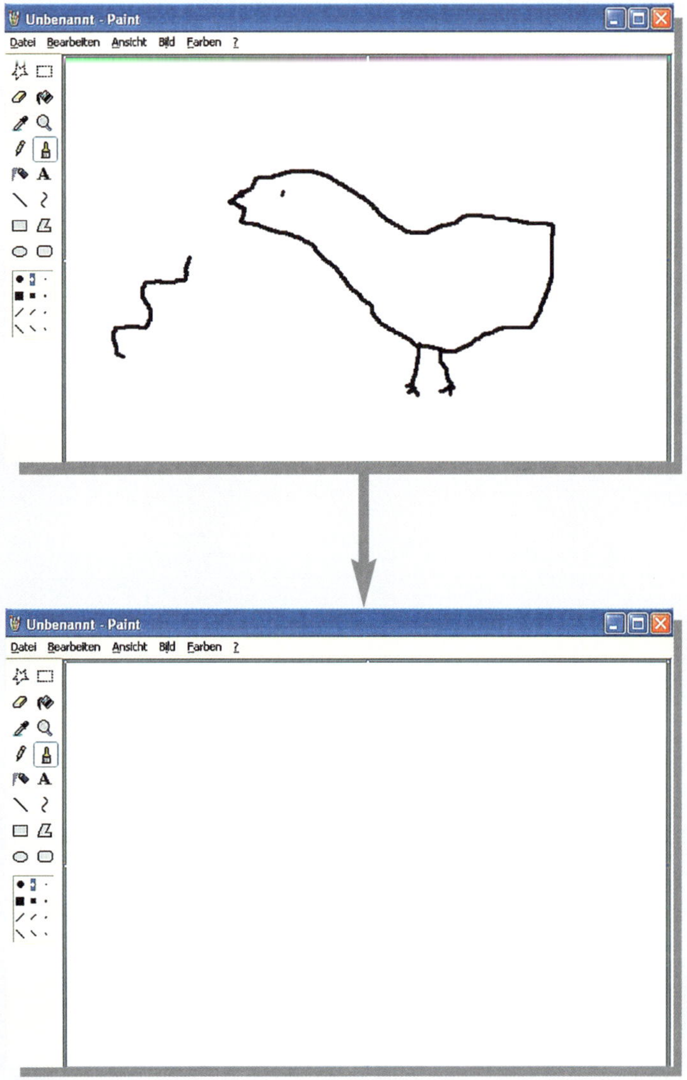
Unbenannt - Paint
Datei Bearbeiten Ansicht Bild Farben ?
Unbenannt - Paint
Datei Bearbeiten Ansicht Bild Farben ?

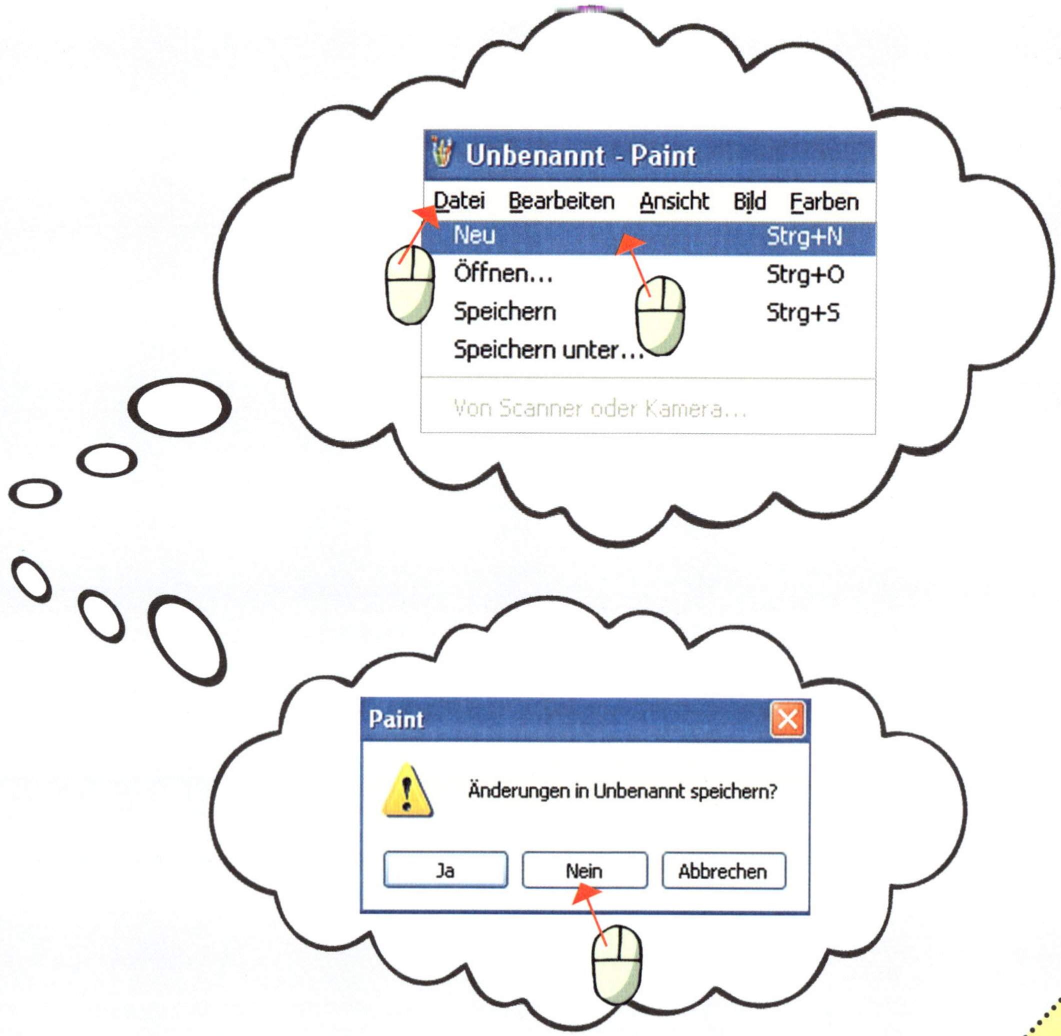
Unbenannt - Paint
Datei Bearbeiten Ansicht Bild Farben
Neu Strg+N
Öffnen... Strg+O
Speichern Strg+S
Speichern unter...
Von Scanner oder Kamera...
Paint
Änderungen in Unbenannt speichern?
Ja
Nein
Abbrechen

PAINT

Zeichnen, neues Blatt

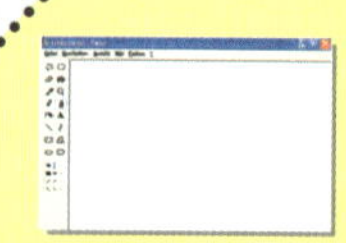

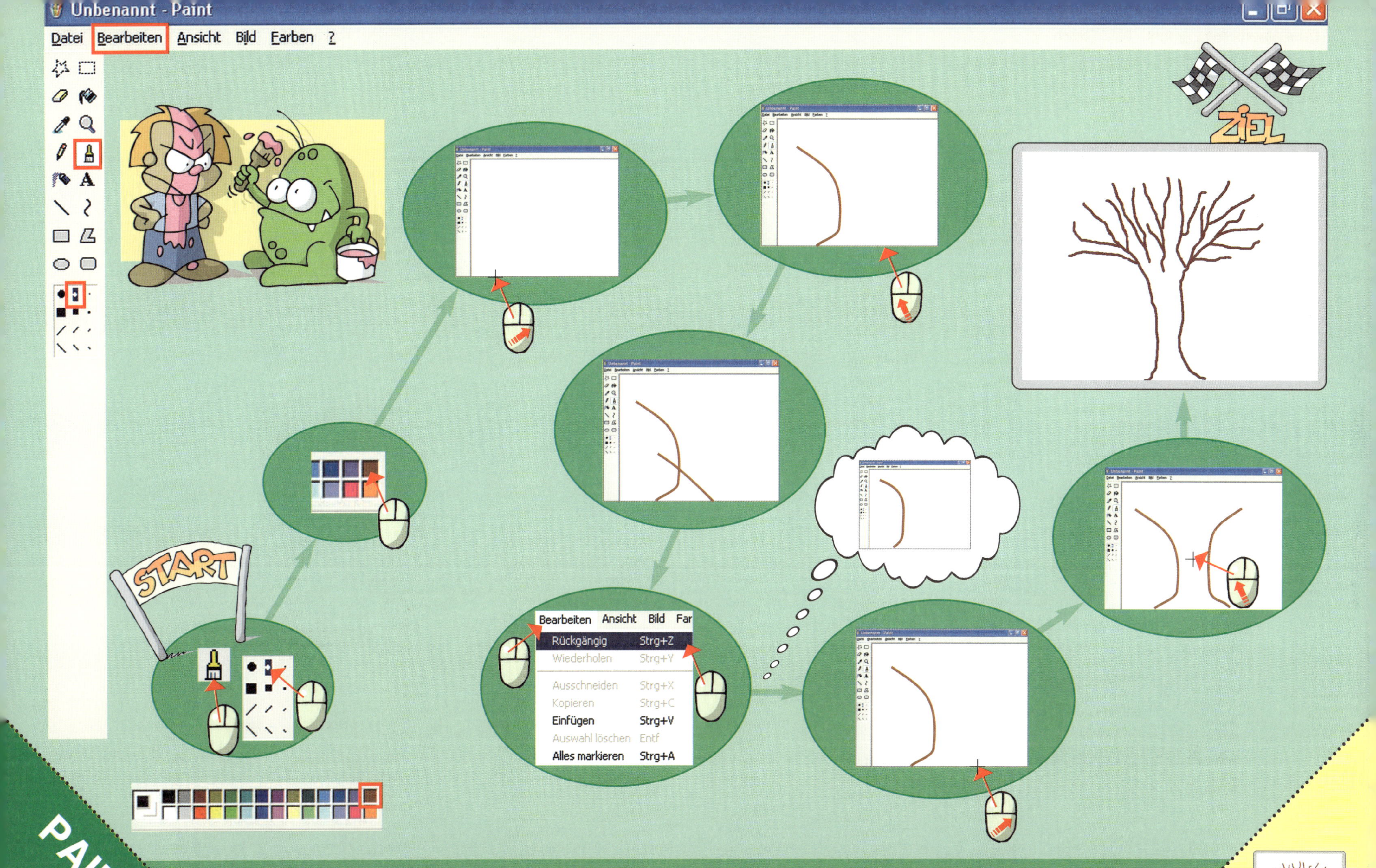

Freies Zeichnen mit dem Pinsel 1

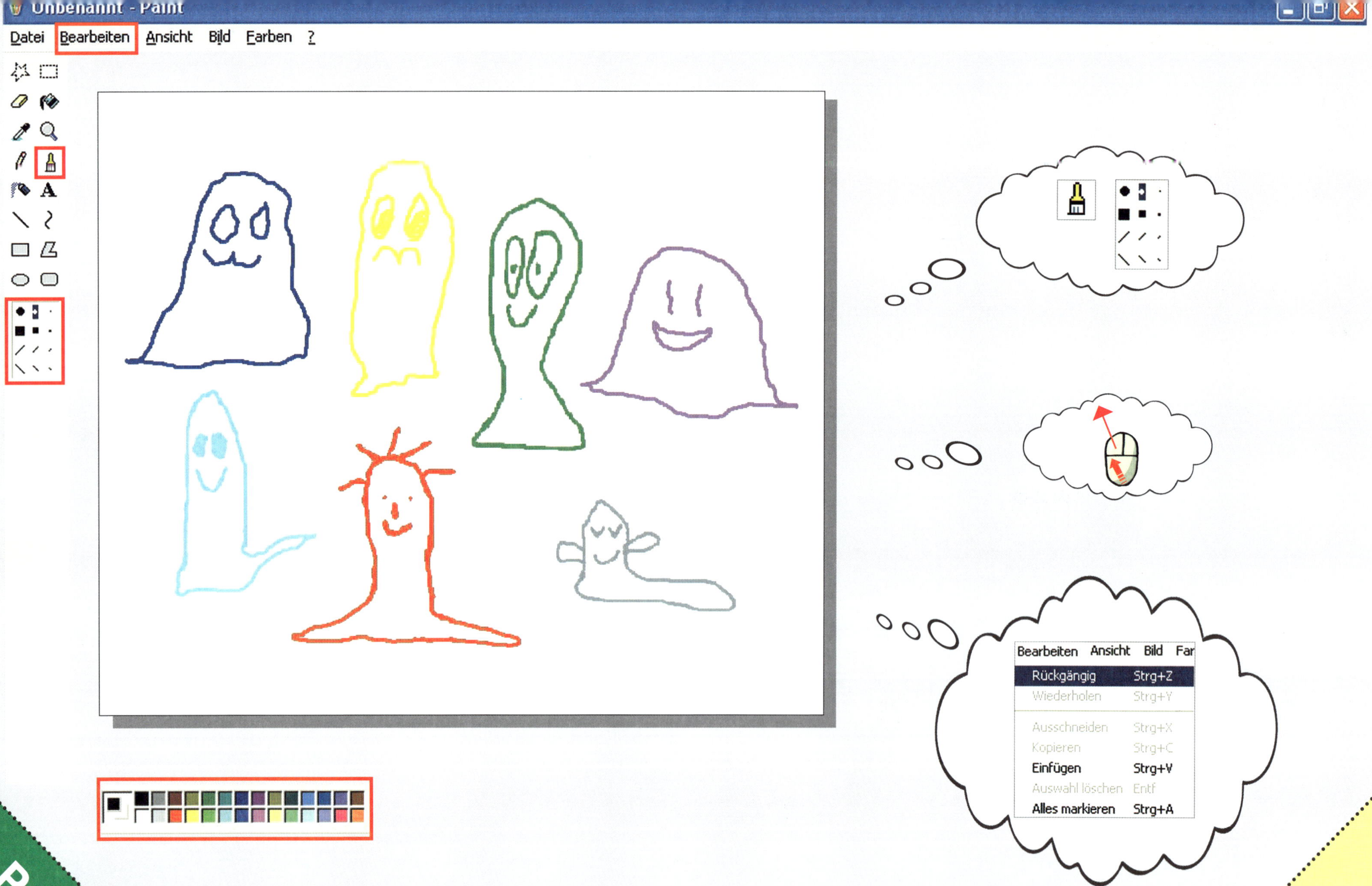

PAINT

Freies Zeichnen mit dem Pinsel 1

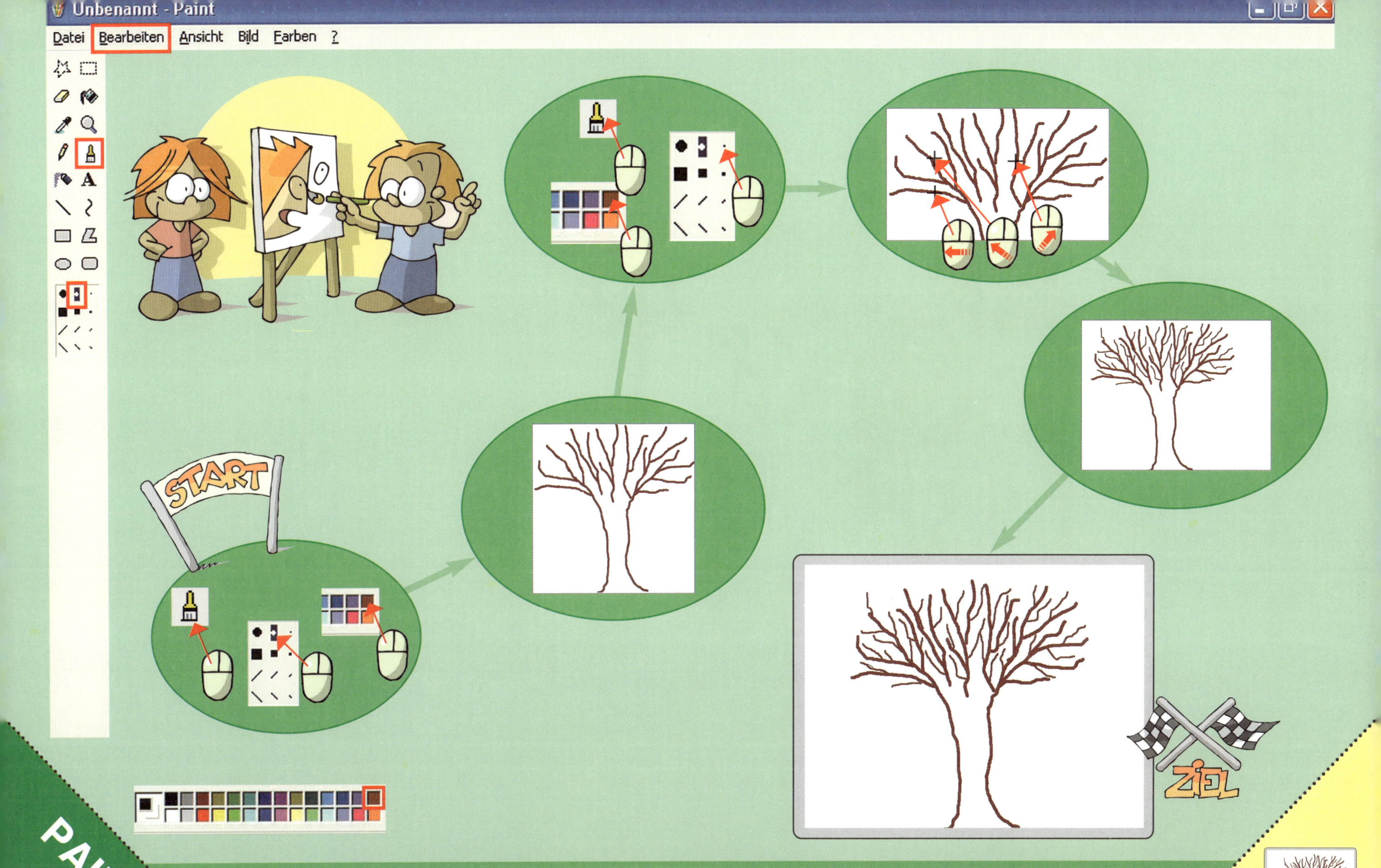

Unbenannt - Paint
Datei
Bearbeiten
Ansicht
Bild
Farben
?
START
ZIEL
PAINT

Freies Zeichnen mit dem Pinsel 2

PAINT

Freies Zeichnen mit dem Pinsel 2

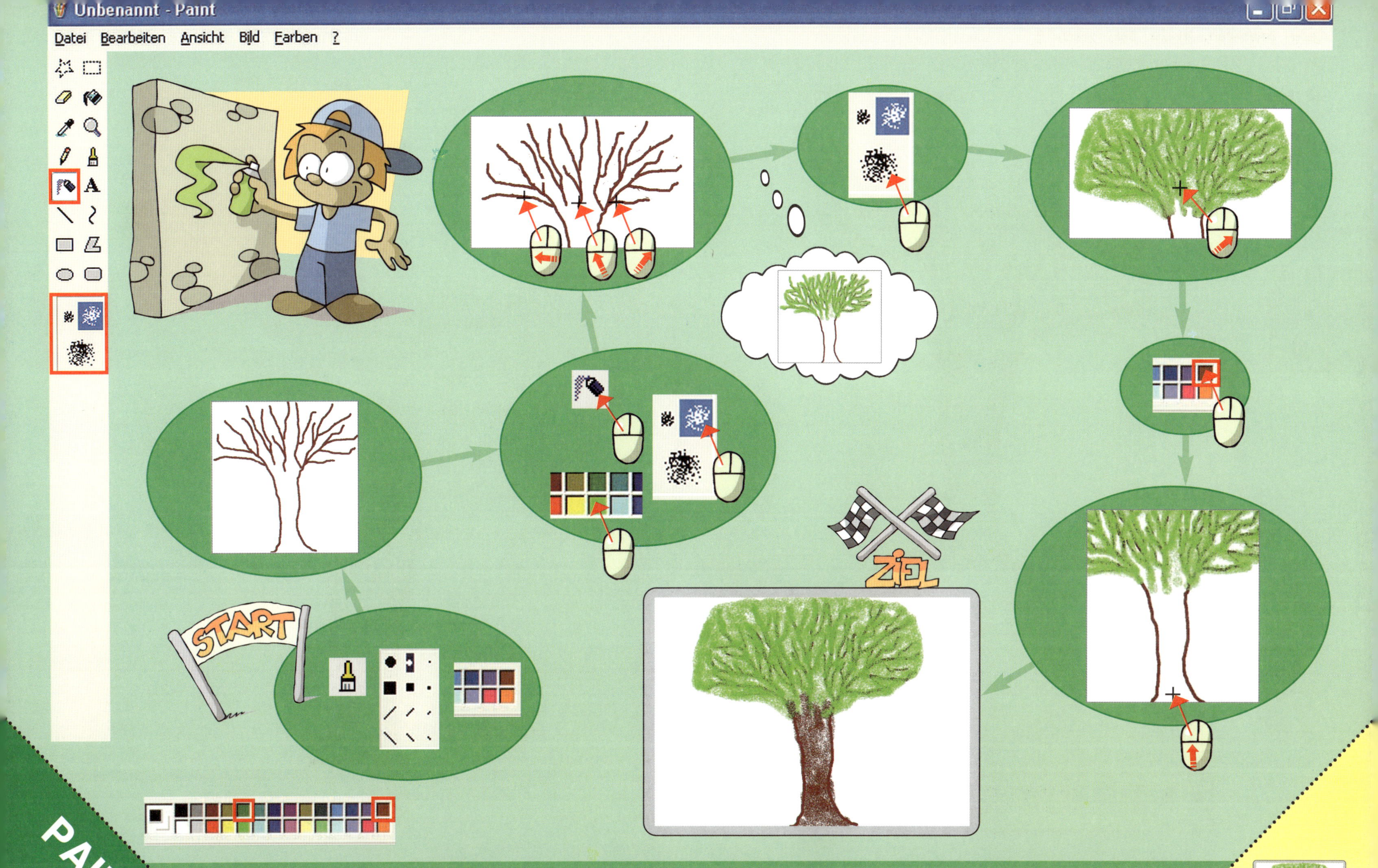
Unbenannt - Paint
Datei Bearbeiten Ansicht Bild Farben ?
START
ZIEL
PAINT

Malen mit der Sprühdose

Unbenannt - Paint
Datei Bearbeiten Ansicht Bild Farben ?

PAINT

Malen mit der Sprühdose

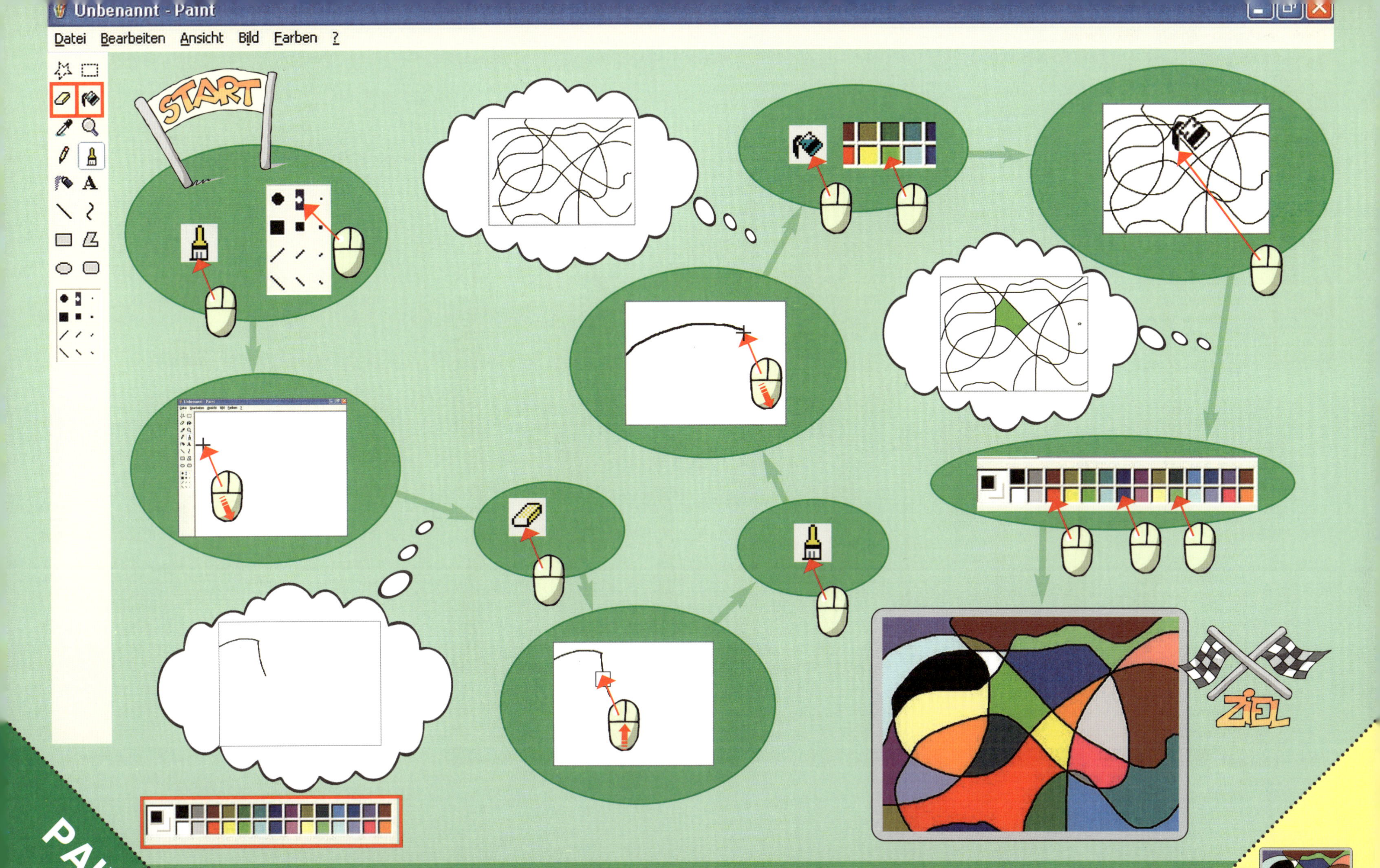

Unbenannt - Paint
Datei Bearbeiten Ansicht Bild Farben ?
START
ZIEL
PAINT

Flächen bunt gestalten, radieren

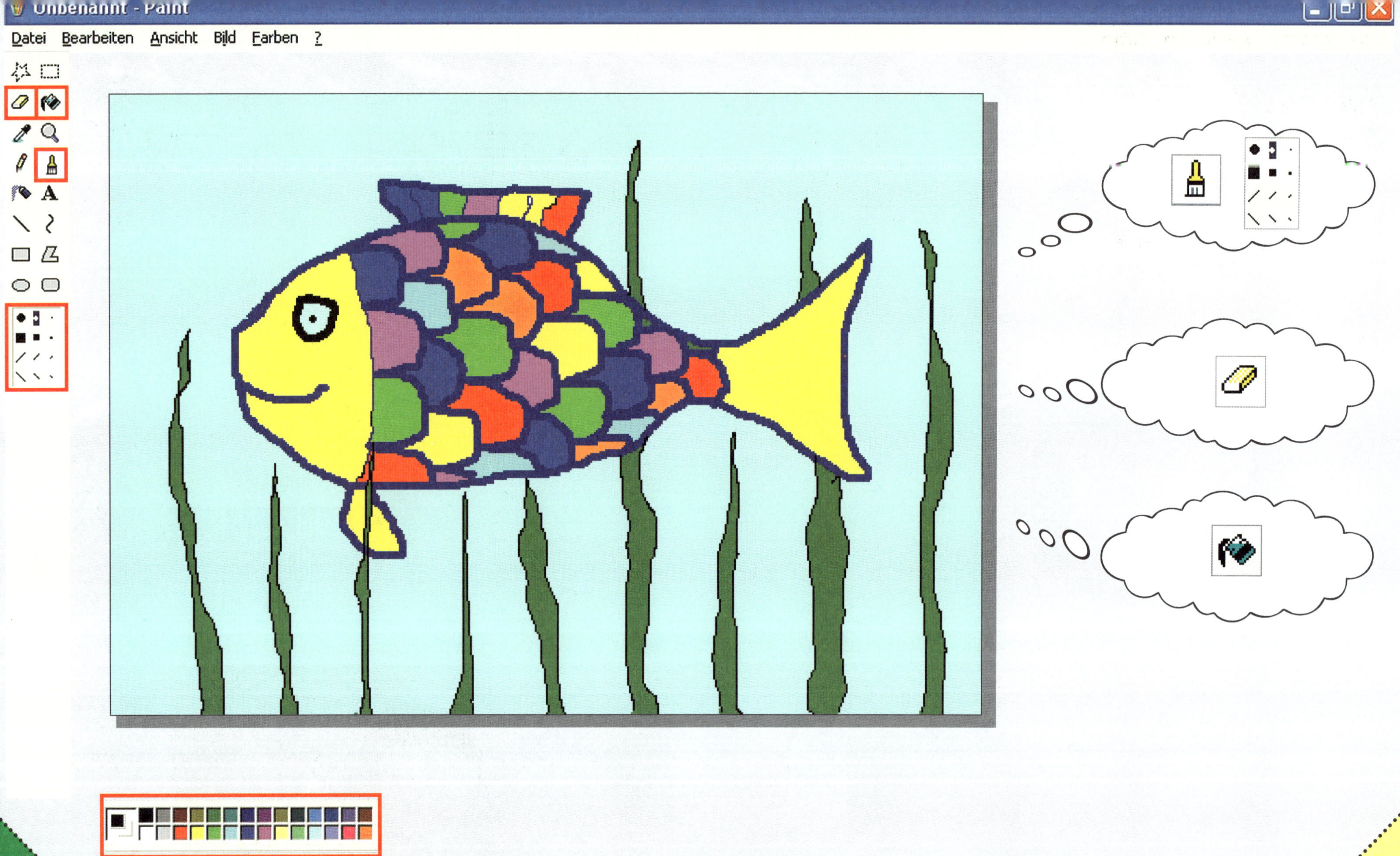

PAINT

Flächen bunt gestalten, radieren

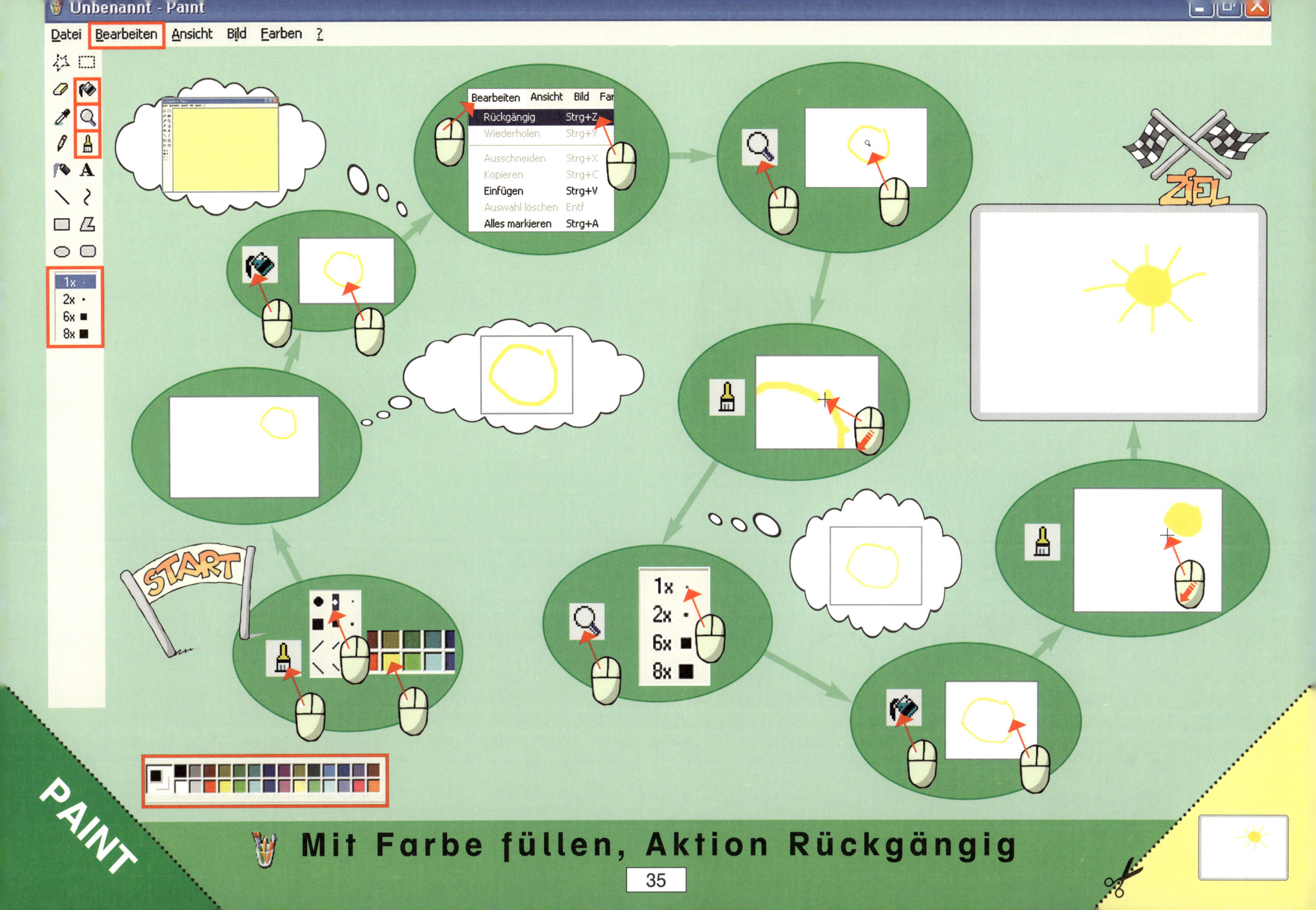

Mit Farbe füllen, Aktion Rückgängig

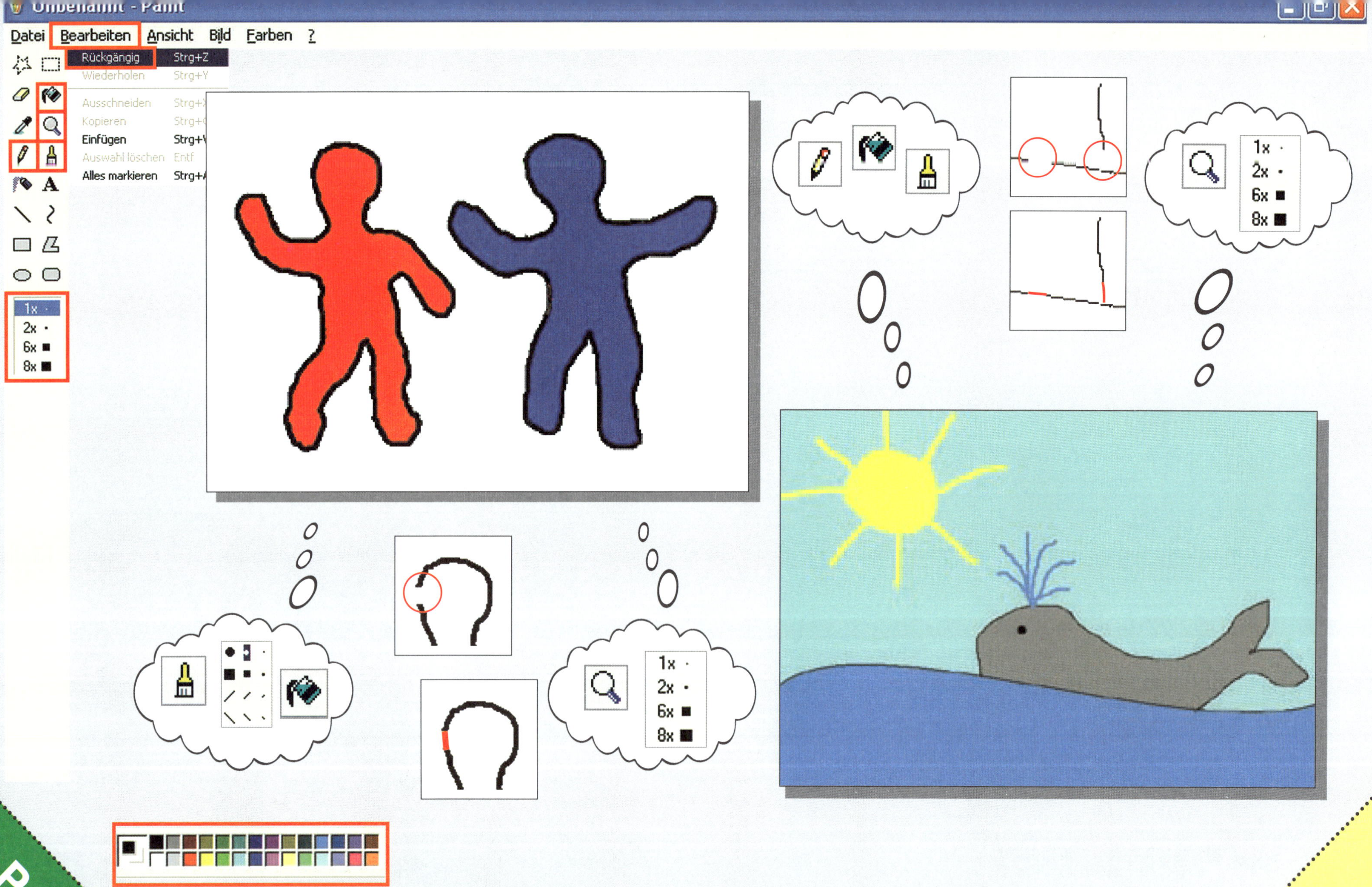
Unbenannt - Paint
Datei
Bearbeiten
Ansicht
Bild
Farben
?
Rückgängig Strg+Z
Wiederholen Strg+Y
Ausschneiden
Kopieren
Einfügen
Auswahl löschen Entf
Alles markieren
1x
2x
6x
8x

Mit Farbe füllen, Aktion Rückgängig

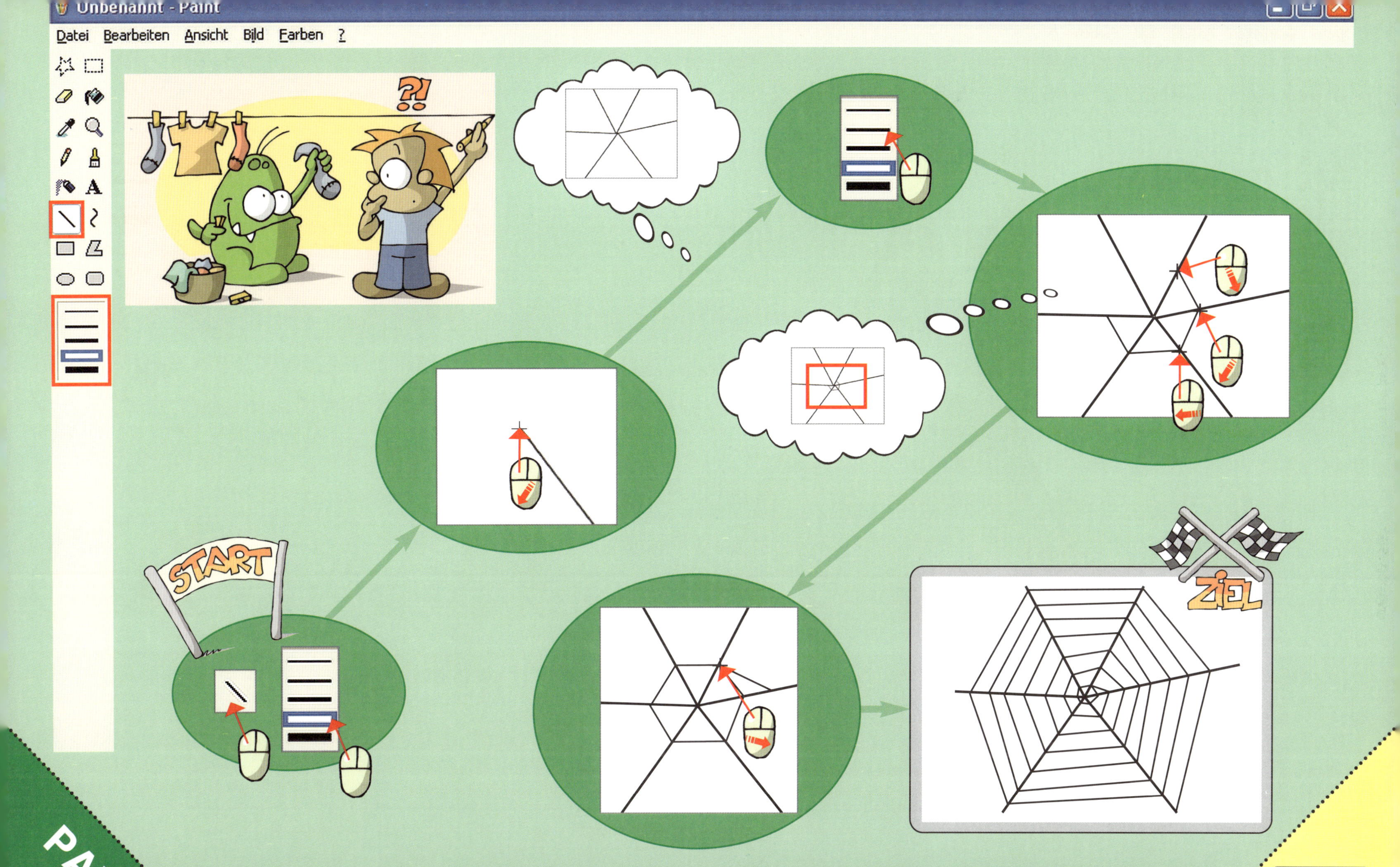
Unbenannt - Paint
Datei
Bearbeiten
Ansicht
Bild
Farben
?
START
ZIEL

PAINT

Gerade Linien ziehen

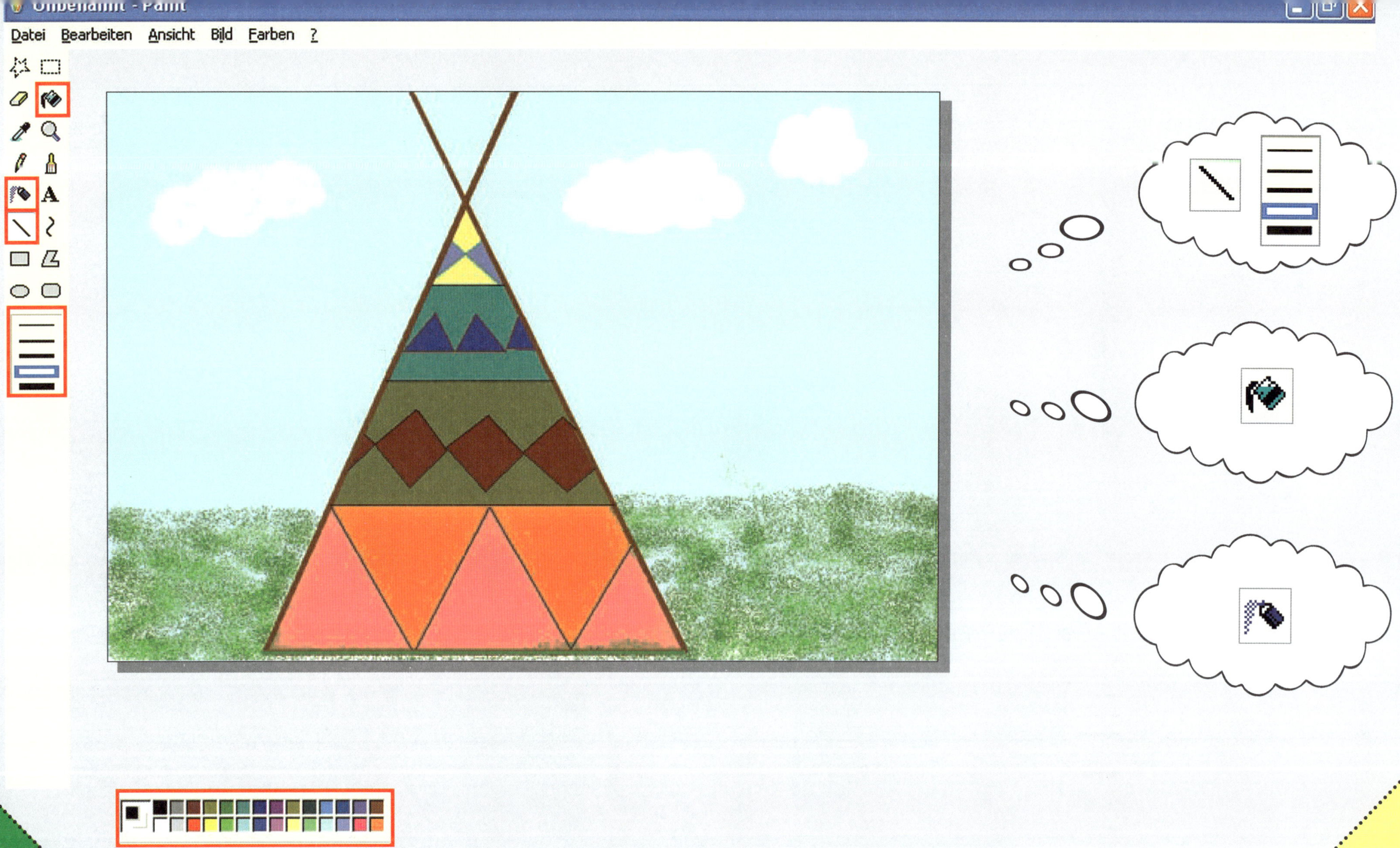

Gerade Linien ziehen

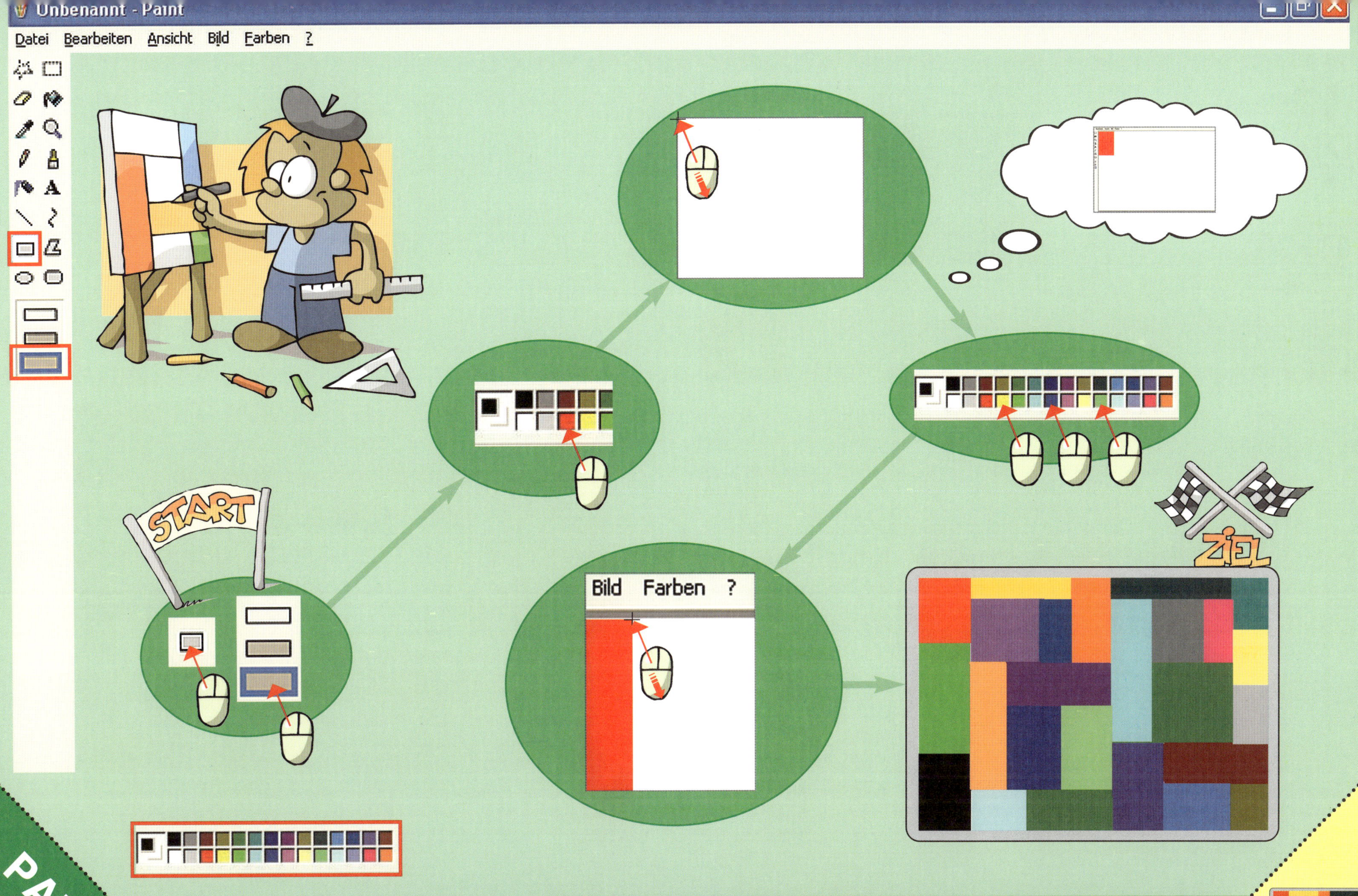
Unbenannt - Paint
Datei Bearbeiten Ansicht Bild Farben ?
START
Bild Farben ?
ZIEL

PAINT

Bunte Rechtecke zeichnen

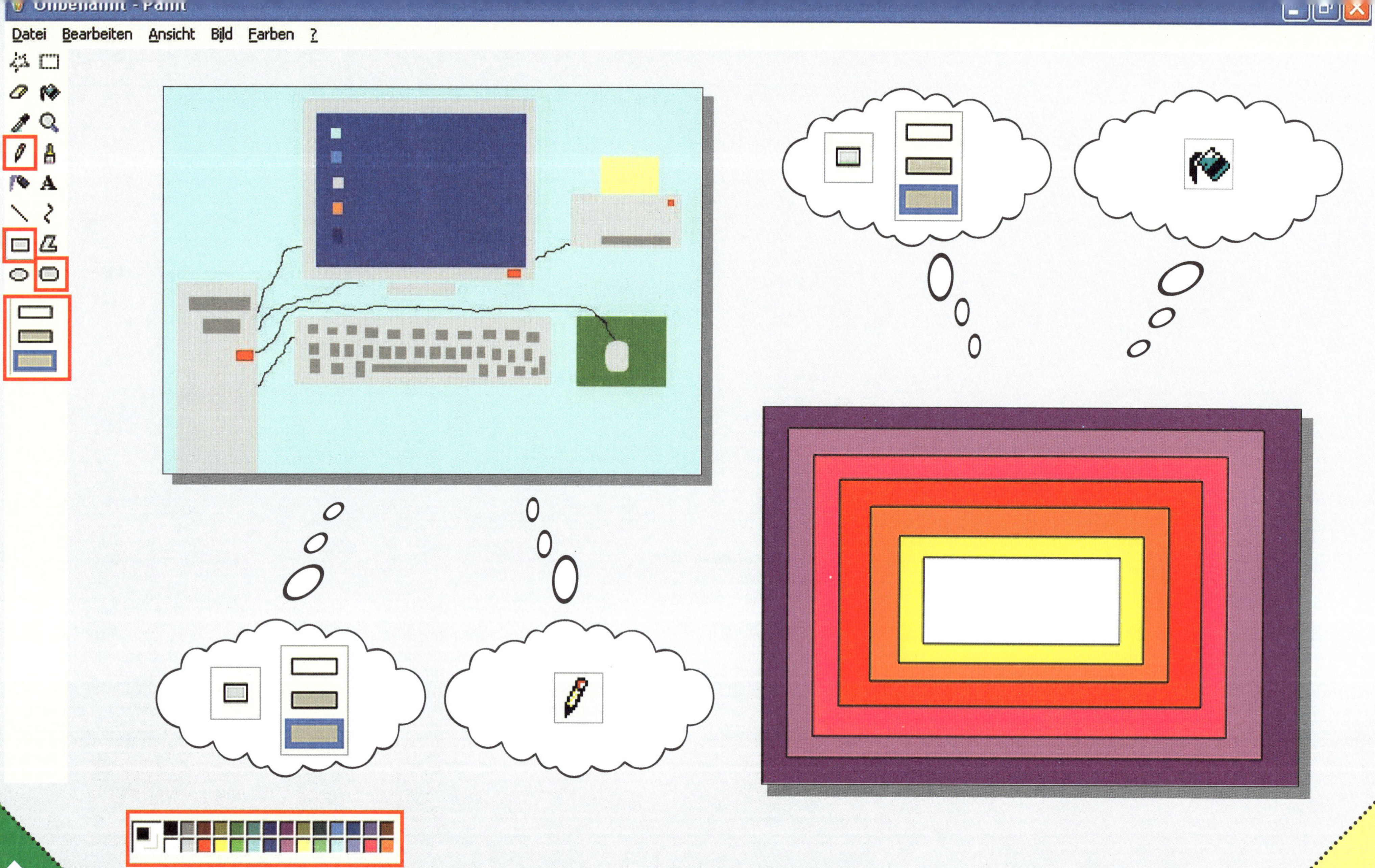

PAINT

Bunte Rechtecke zeichnen

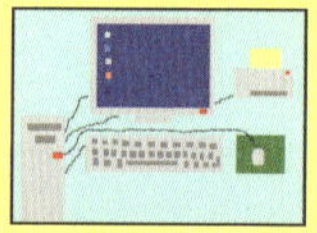

ø
å
ñ

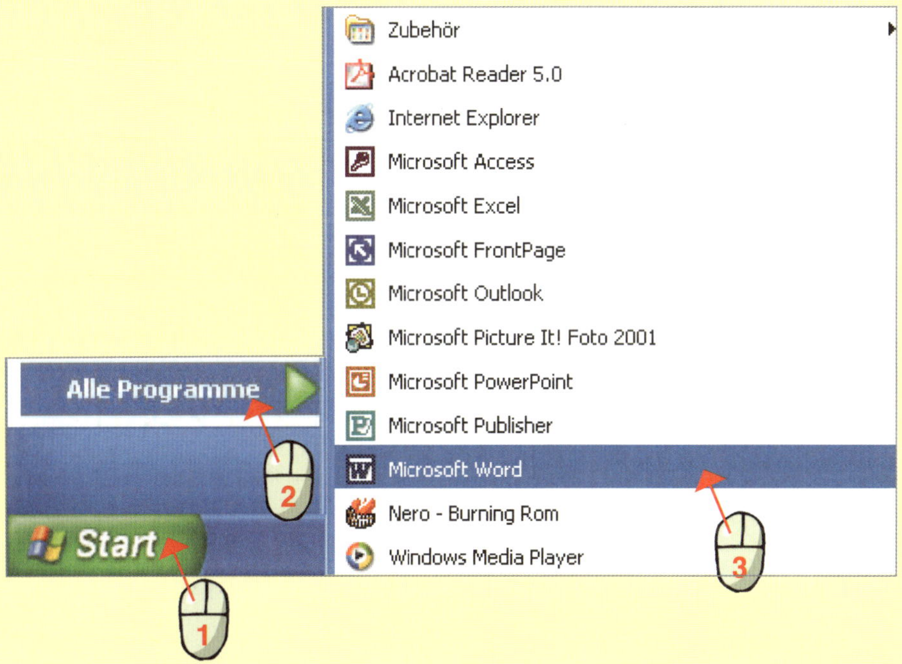
Zubehör
Acrobat Reader 5.0
Internet Explorer
Microsoft Access
Microsoft Excel
Microsoft FrontPage
Microsoft Outlook
Microsoft Picture It! Foto 2001
Microsoft PowerPoint
Microsoft Publisher
Microsoft Word
Nero - Burning Rom
Windows Media Player
Alle Programme
Start
1
2
3

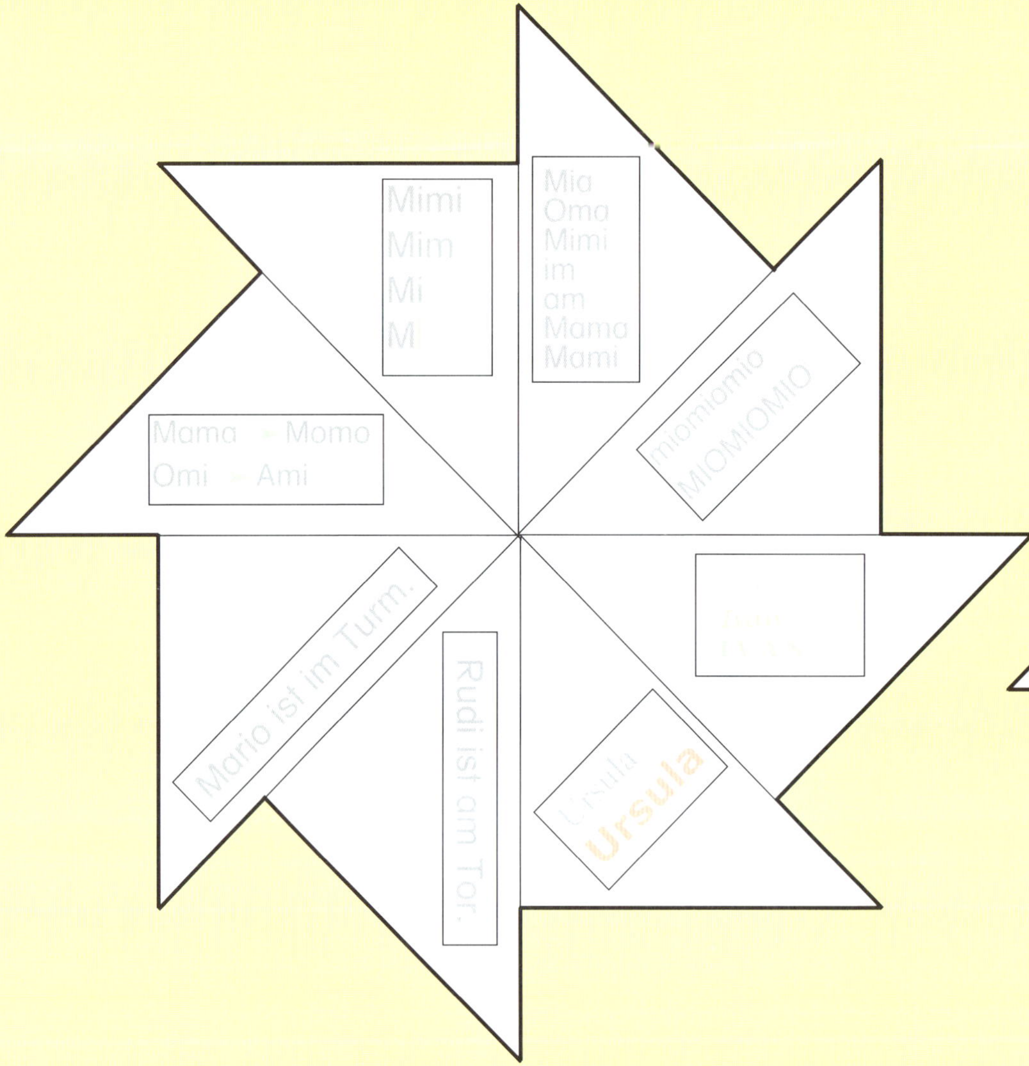
Mimi
Mim
Mi
M
Mia
Oma
Mimi
im
am
Mama
Mami
miomiomio
MIOMIOMIO
Mama Momo
Omi Ami
Mario ist im Turm.
Rudi ist am Tor.
Ursula
Ursula

rot
Turm
Rosen
Haus
Auto
Inga, nimm den Ball!
Nina!
Ali!
Doris!

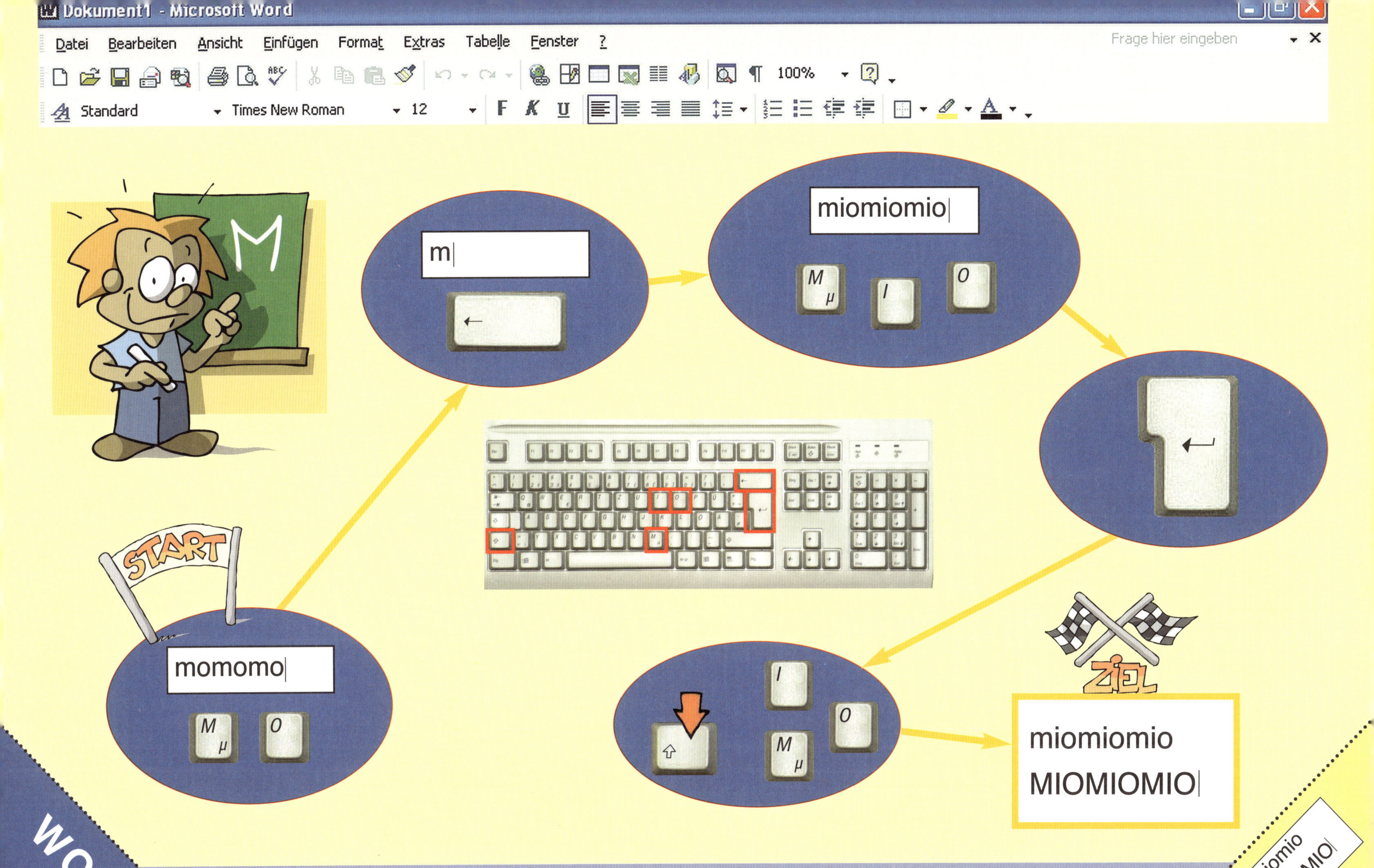

WORD

Erste Buchstaben

Dokument1 - Microsoft Word

Datei Bearbeiten Ansicht Einfügen Format Extras Tabelle Fenster ?

Frage hier eingeben

100%

Standard Times New Roman 12

F K U

miomiomio
MIOMIOMIO
mmmiiiaaaooommmiiiaaaooo
MMMiiiAAAoooMMMiiiAAAooo
Mia
Oma
Mimi
im
am
Mama
Mami

WORD

Erste Buchstaben

Mia
Oma
Mimi
im
am
Mama
Mami

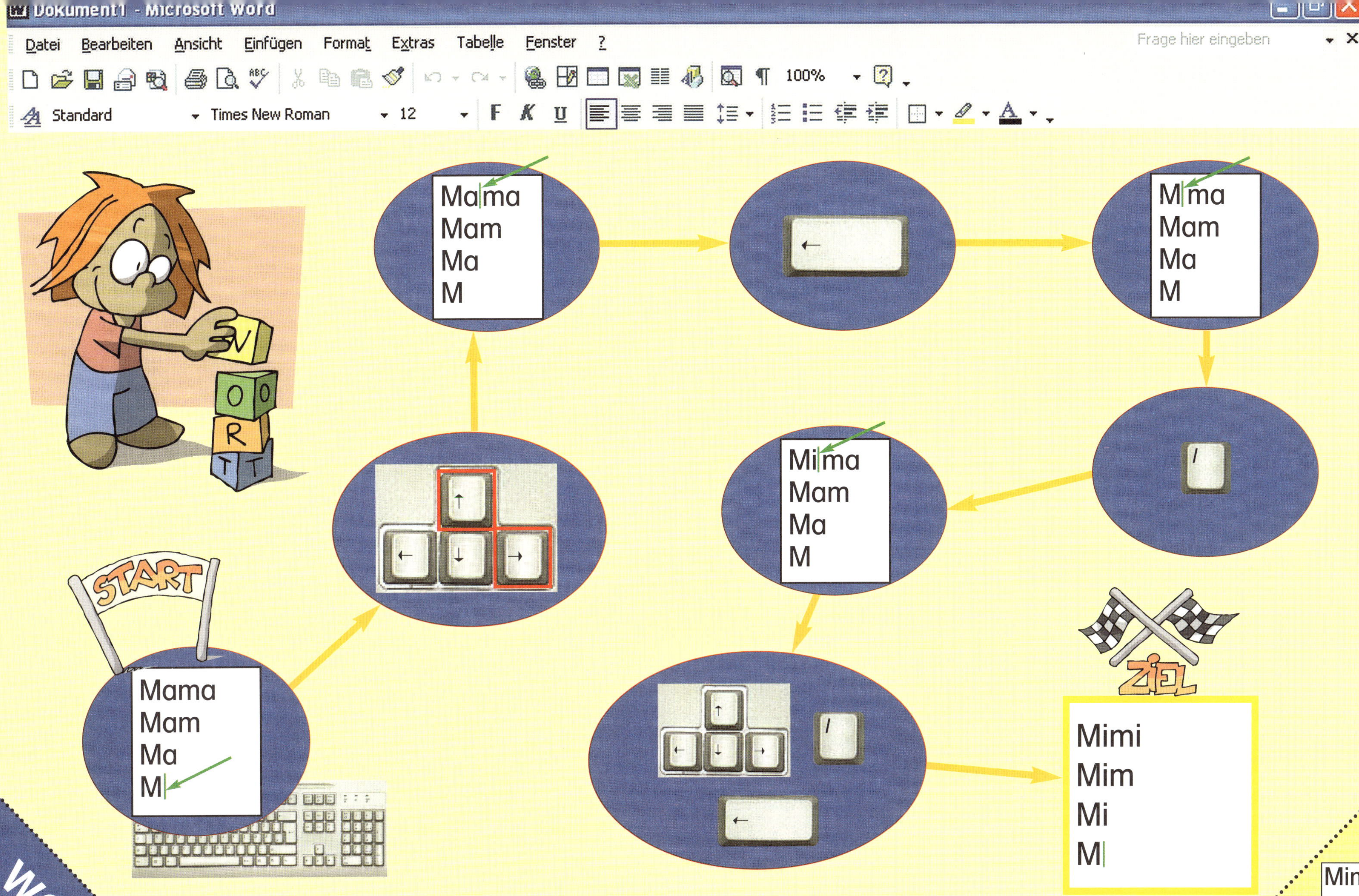

WORD

Wörter auf- und abbauen

Mimi
Mim
Mi
M

Dokument1 - Microsoft Word

Datei Bearbeiten Ansicht Einfügen Format Extras Tabelle Fenster ? | Frage hier eingeben

100% | Standard | Times New Roman | 12 | F K U

①

Mama
Oma
Mia

M|am|a
Om|a
M|ia

②

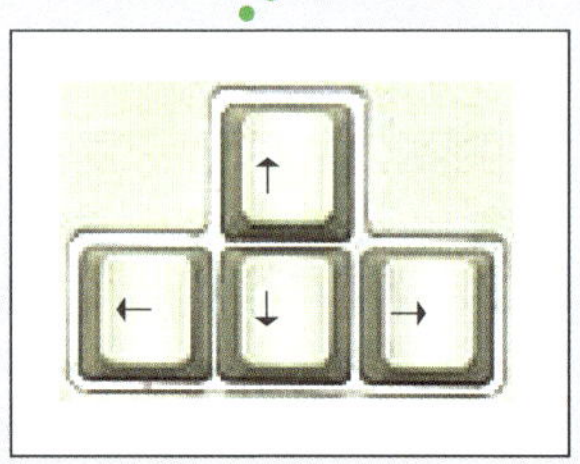

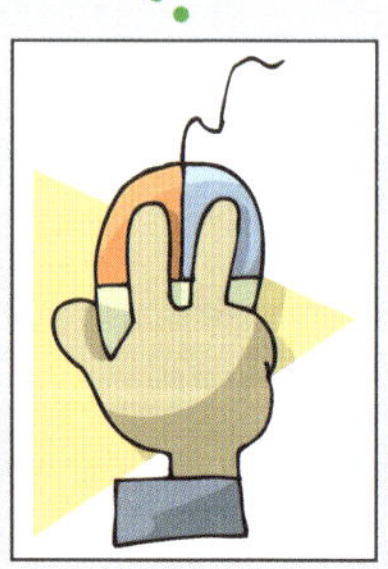

Mama	→	Momo
Mam		Mom
Ma		Mo
M		M

Omi	→	Ami
Om		Am
O		A
Om		Am
Omi		Ami

WORD

Wörter auf- und abbauen

Mama → Momo
Omi → Ami

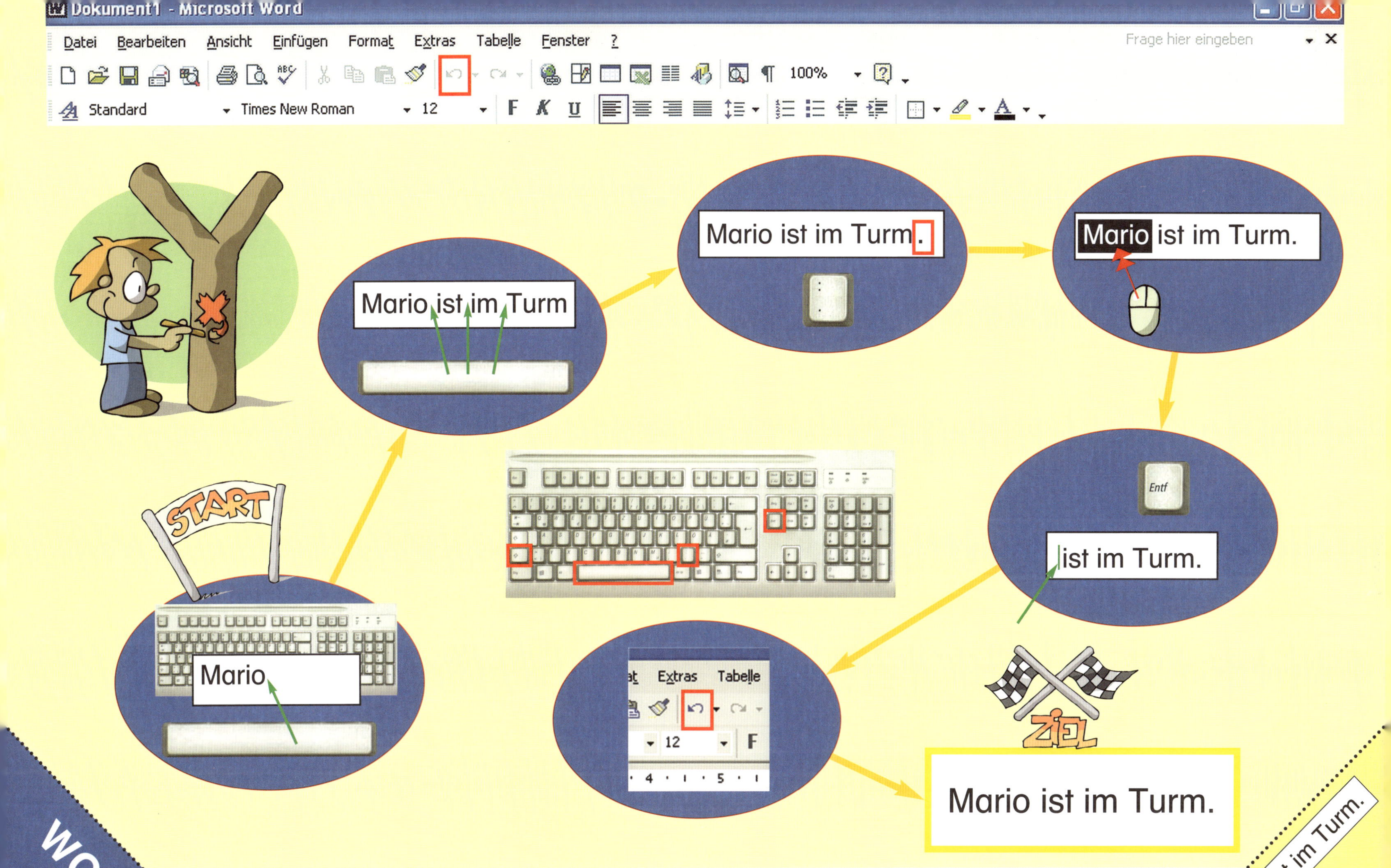
Dokument1 - Microsoft Word
Datei Bearbeiten Ansicht Einfügen Format Extras Tabelle Fenster ?
Frage hier eingeben
100%
Standard Times New Roman 12
F K U
START
Mario
Mario ist im Turm
Mario ist im Turm.
Mario ist im Turm.
Entf
ist im Turm.
Extras Tabelle
12
F
ZIEL
Mario ist im Turm.
WORD
Mario ist im Turm.

Wörter markieren und ersetzen

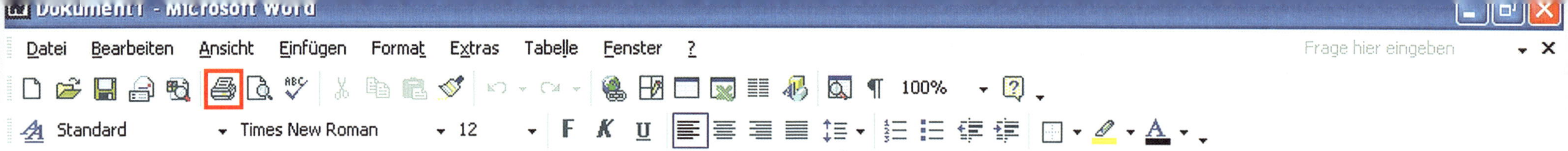

①

Mama ist am Tor.	→	Rudi ist am Tor.

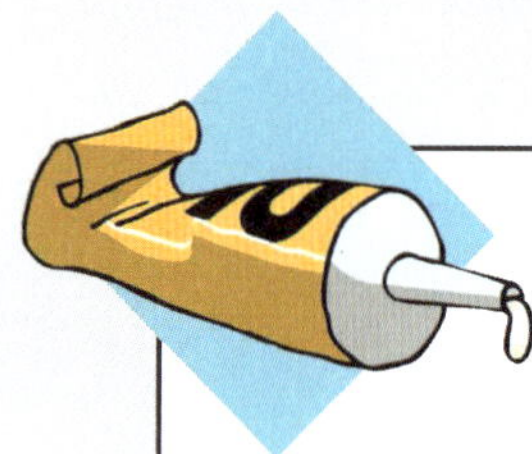

②

Rosi ist am Ast.	→	Rosi ist am Tor.
Tasso turnt mit Mimi.	→	Mimi turnt mit Tasso.
Romi malt mit Tim.	→	…… malt mit …… .

WORD

Wörter markieren und ersetzen

Rudi ist am Tor.

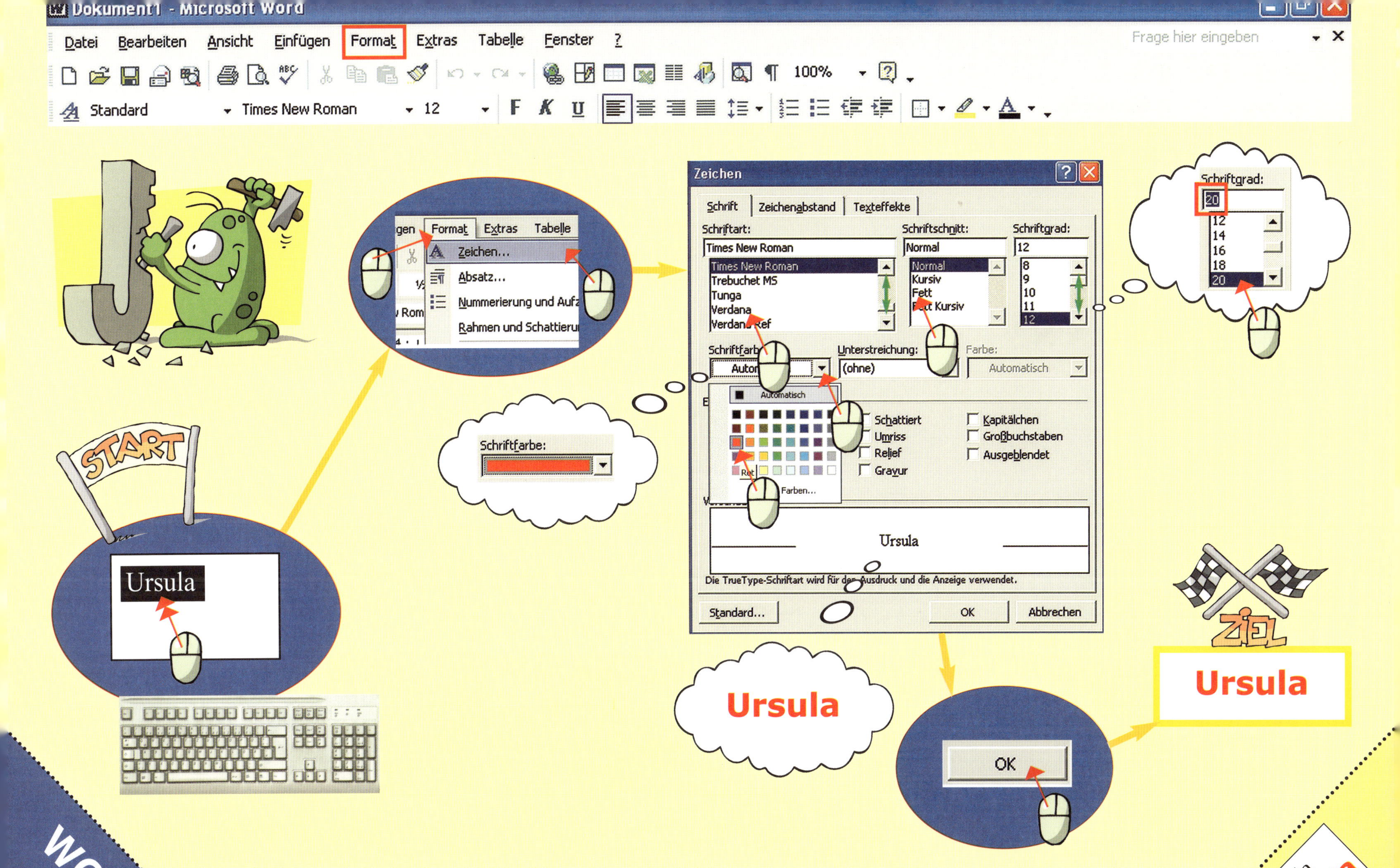
Dokument1 - Microsoft Word
Datei Bearbeiten Ansicht Einfügen Format Extras Tabelle Fenster ?
Frage hier eingeben
100%
Standard
Times New Roman
12
START
Ursula
Format Extras Tabelle
Zeichen...
Absatz...
Nummerierung und Aufz
Rahmen und Schattierun
Schriftfarbe:
Zeichen
Schrift
Zeichenabstand
Texteffekte
Schriftart:
Times New Roman
Trebuchet MS
Tunga
Verdana
Schriftschnitt:
Normal
Kursiv
Fett
Schriftgrad:
12
8
9
10
11
Schriftfarbe
Unterstreichung:
(ohne)
Farbe:
Automatisch
Farben...
Schattiert
Umriss
Relief
Gravur
Kapitälchen
Großbuchstaben
Ausgeblendet
Ursula
Die TrueType-Schriftart wird für den Ausdruck und die Anzeige verwendet.
Standard...
OK
Abbrechen
Schriftgrad:
20
12
14
16
18
20
Ursula
OK
ZIEL
Ursula
WORD
Ursula
Ursula

Schrift verändern

Ivan
Ivan
IVAN

Inga
Inga
Inga

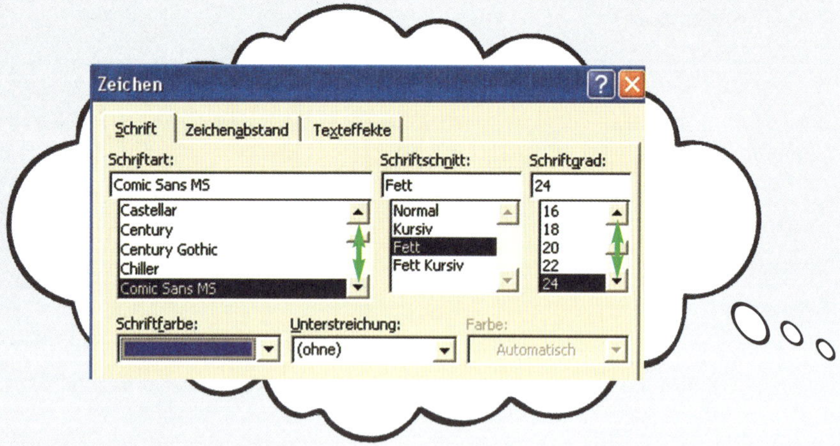

WORD

Schrift verändern

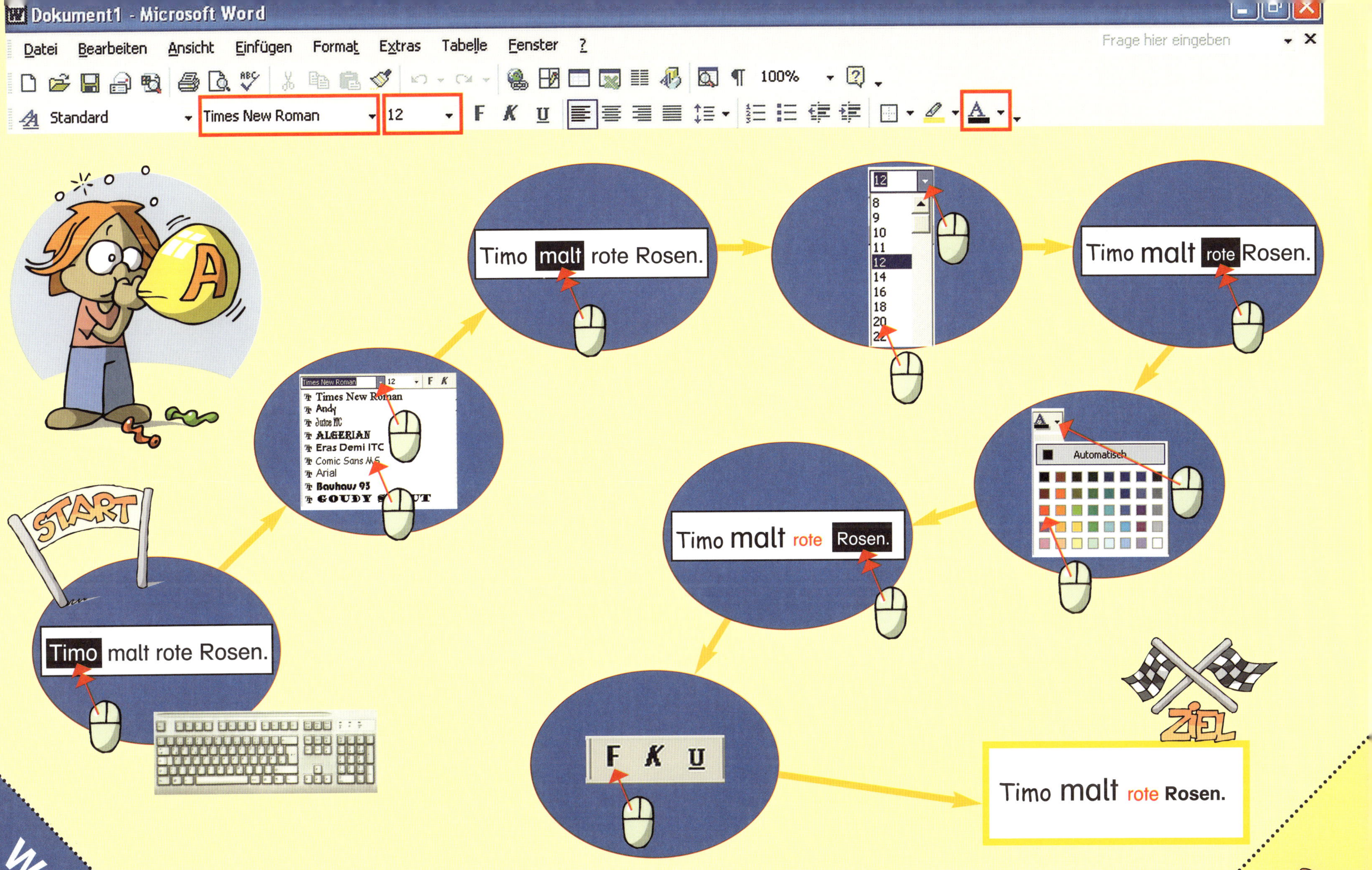
Dokument1 - Microsoft Word
Datei Bearbeiten Ansicht Einfügen Format Extras Tabelle Fenster ?
Frage hier eingeben
100%
Standard
Times New Roman
12
F K U
START
Timo malt rote Rosen.
Times New Roman
Andy
Arial
Bauhaus 93
Timo malt rote Rosen.
8
9
10
11
12
14
16
18
20
22
Timo malt rote Rosen.
Automatisch
Timo malt rote Rosen.
F K U
ZIEL
Timo malt rote Rosen.

WORD

Formatieren – einfach und schnell

blau lila gelb
braun rot rosa

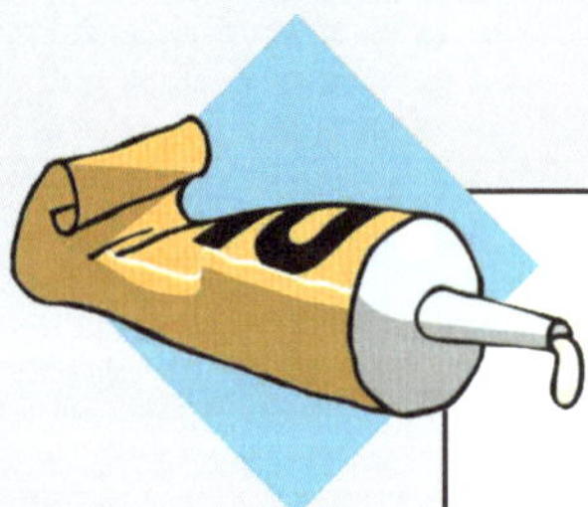

blau LILA gelb
braun rot rosa

WORD

Formatieren – einfach und schnell

rot
blau
LILA

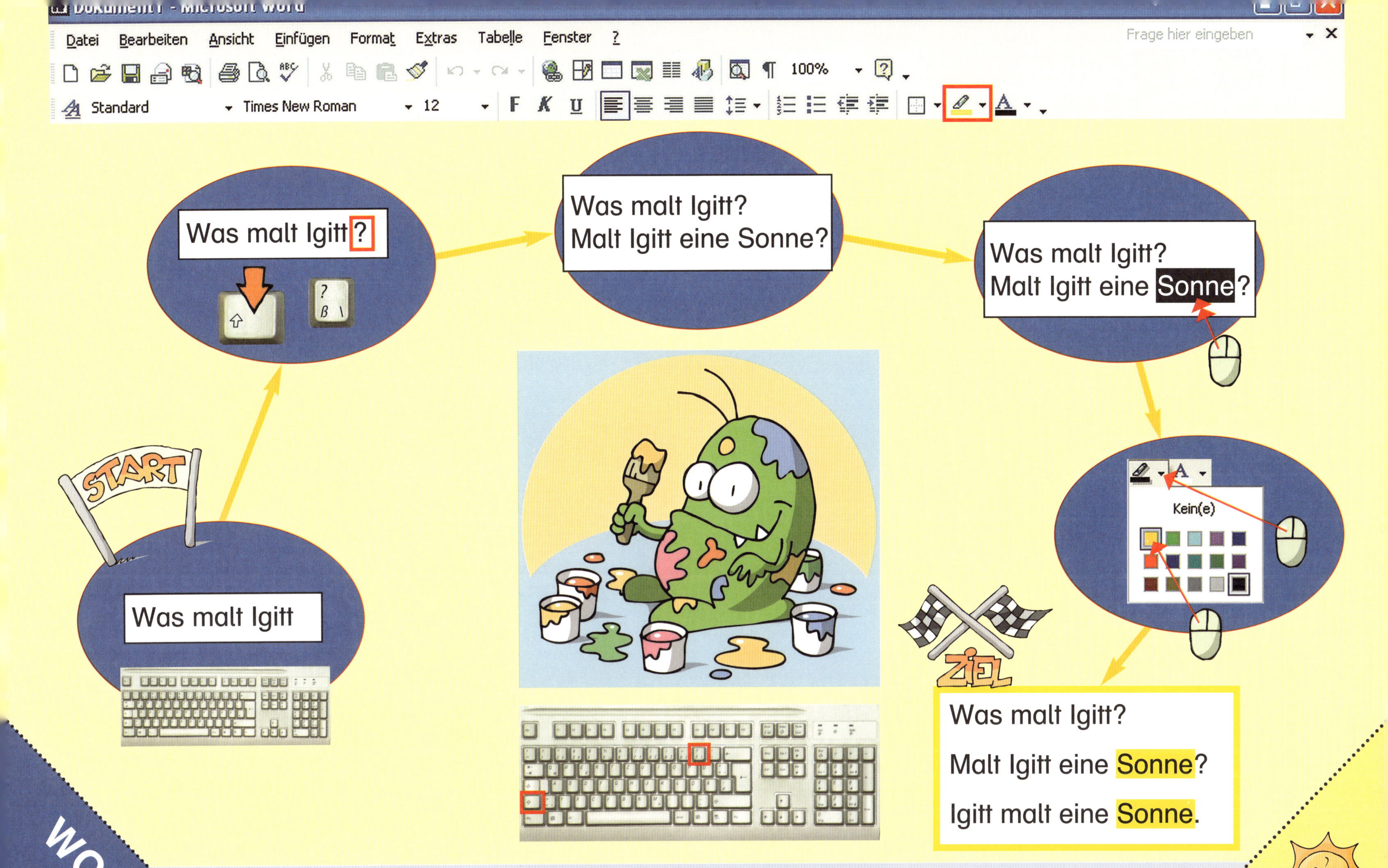
Dokument1 - Microsoft Word
Datei Bearbeiten Ansicht Einfügen Format Extras Tabelle Fenster ?
Frage hier eingeben
100%
Standard
Times New Roman
12
F K U
Was malt Igitt?
Was malt Igitt?
Malt Igitt eine Sonne?
Was malt Igitt?
Malt Igitt eine Sonne?
START
Kein(e)
Was malt Igitt
ZIEL
Was malt Igitt?
Malt Igitt eine Sonne?
Igitt malt eine Sonne.
WORD

Noch mehr Farben

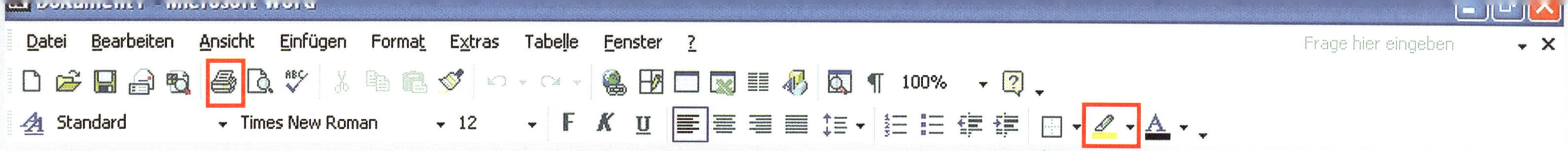

Wo ist der Ball?

Ist der Ball im Turm?

Ist der Ball in den Rosen?

Ist der Ball im Haus?

.... im Tor ...

im Wald

am Ast

im See

Wo ist er nur?

Der Ball ist im Auto.

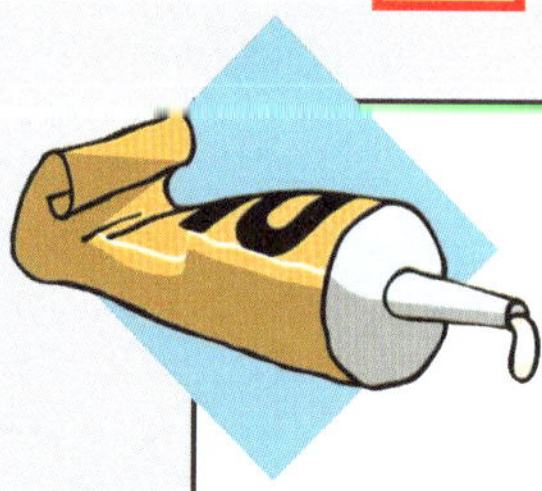

Turm

Rosen

Haus

Auto

WORD

Noch mehr Farben

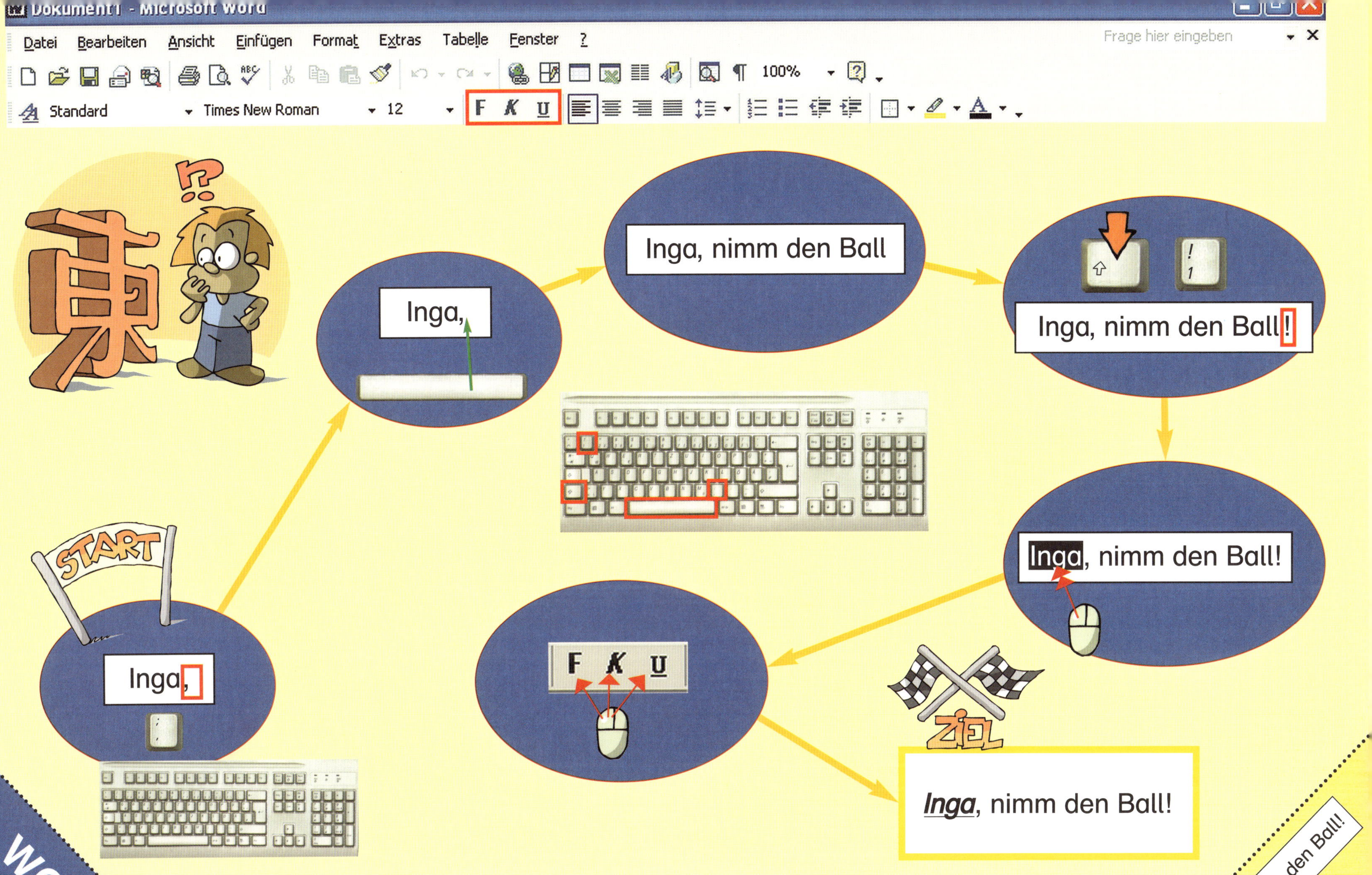

WORD

Neue Zeichen kennen lernen

Inga, nimm den Ball!

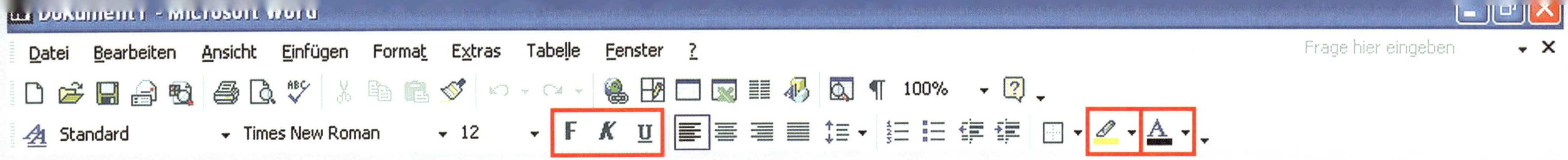

Nina!
***Nina**, da!*
***Nina**, da ist eine Ente!*

Ali!
***Ali**, nimm!*
***Ali**, nimm das Eis!*

Doris!
***Doris**, oben!*
***Doris**, oben ist rote Wolle!*

WORD

Neue Zeichen kennen lernen

Nina!
Ali!
Doris!

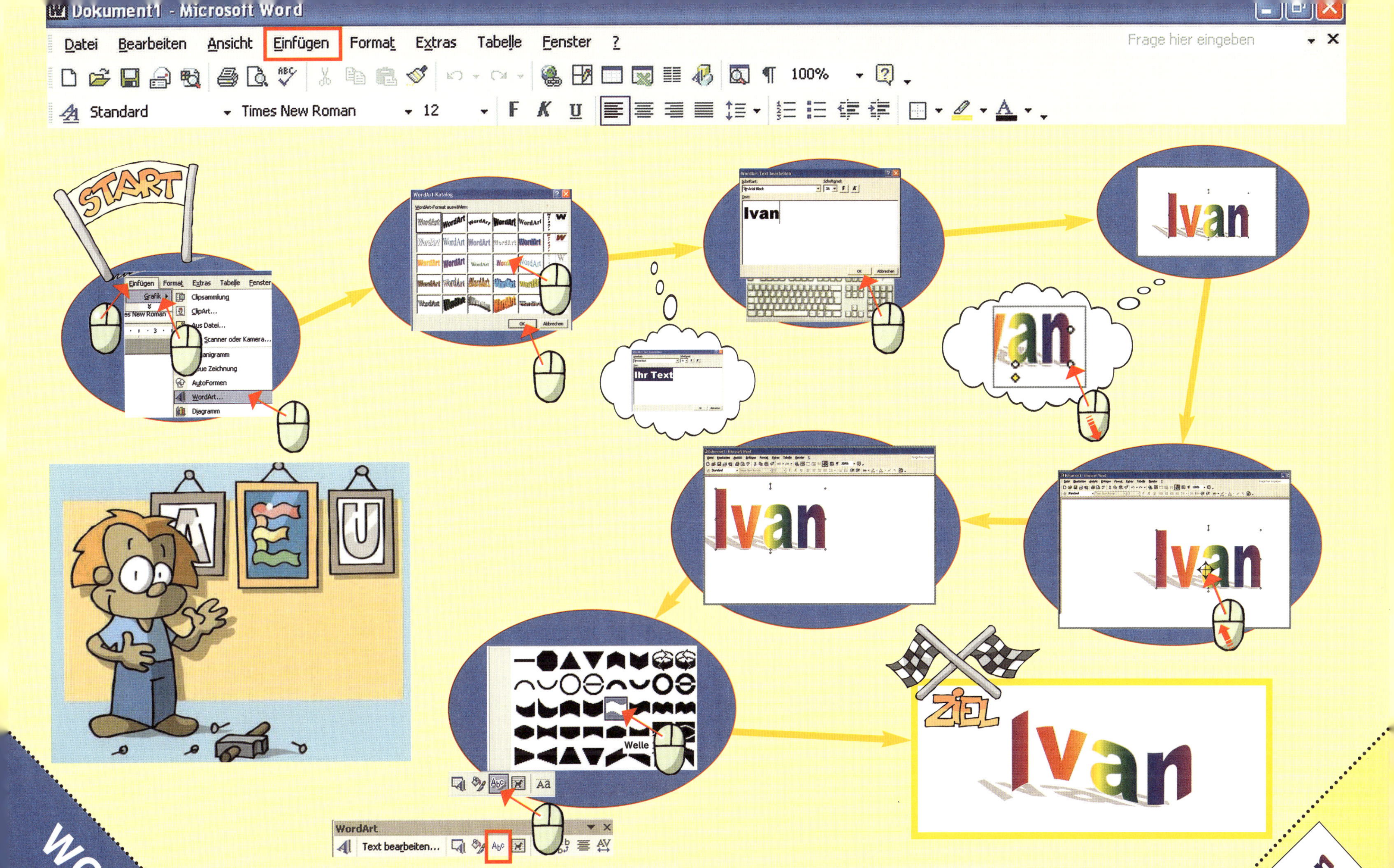
Dokument1 - Microsoft Word
Datei Bearbeiten Ansicht Einfügen Format Extras Tabelle Fenster ?
Frage hier eingeben
100%
Standard
Times New Roman
12
START
Einfügen Format Extras Tabelle Fenster
Grafik
Clipsammlung
ClipArt...
Aus Datei...
Scanner oder Kamera...
AutoFormen
WordArt...
Diagramm
Ivan
Ihr Text
Welle
ZIEL
WordArt
Text bearbeiten...
WORD

WordArt einfügen

Dokument1 - Microsoft Word
Datei Bearbeiten Ansicht Einfügen Format Extras Tabelle Fenster ?
Frage hier eingeben
100%
Standard
Times New Roman
12
F K U

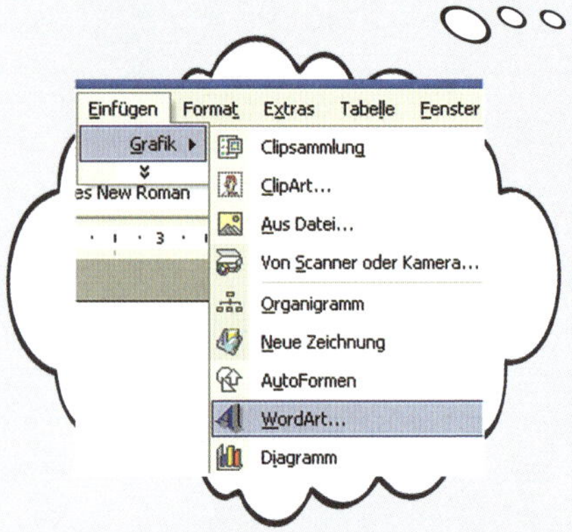
Einfügen Format Extras Tabelle Fenster
Grafik
Clipsammlung
ClipArt...
Aus Datei...
Von Scanner oder Kamera...
Organigramm
Neue Zeichnung
AutoFormen
WordArt...
Diagramm

Dein Name
Dein Name
Dein Name
Dein Name
Dein Name
Dein Name
Dein Name

Dreieck nach oben

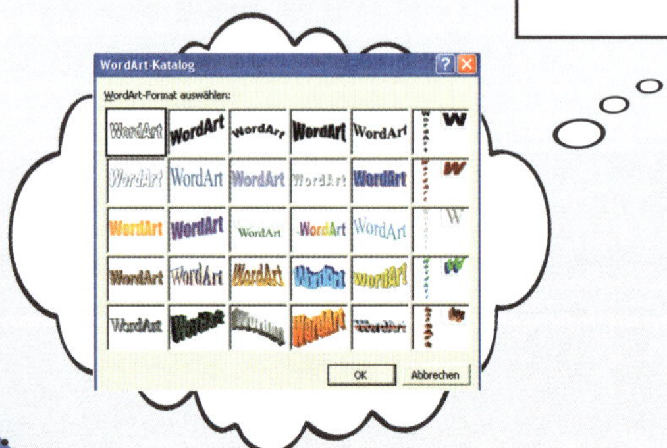
WordArt-Katalog
WordArt-Format auswählen:
OK
Abbrechen

WORD

WordArt einfügen

Zubehör
Acrobat Reader 5.0
Internet Explorer
Microsoft Access
Microsoft Excel
Microsoft FrontPage
Microsoft Outlook
Microsoft Picture It! Foto 2001
Microsoft PowerPoint
Microsoft Publisher
Microsoft Word
Nero - Burning Rom
Windows Media Player
Alle Programme
Start
1
2
3

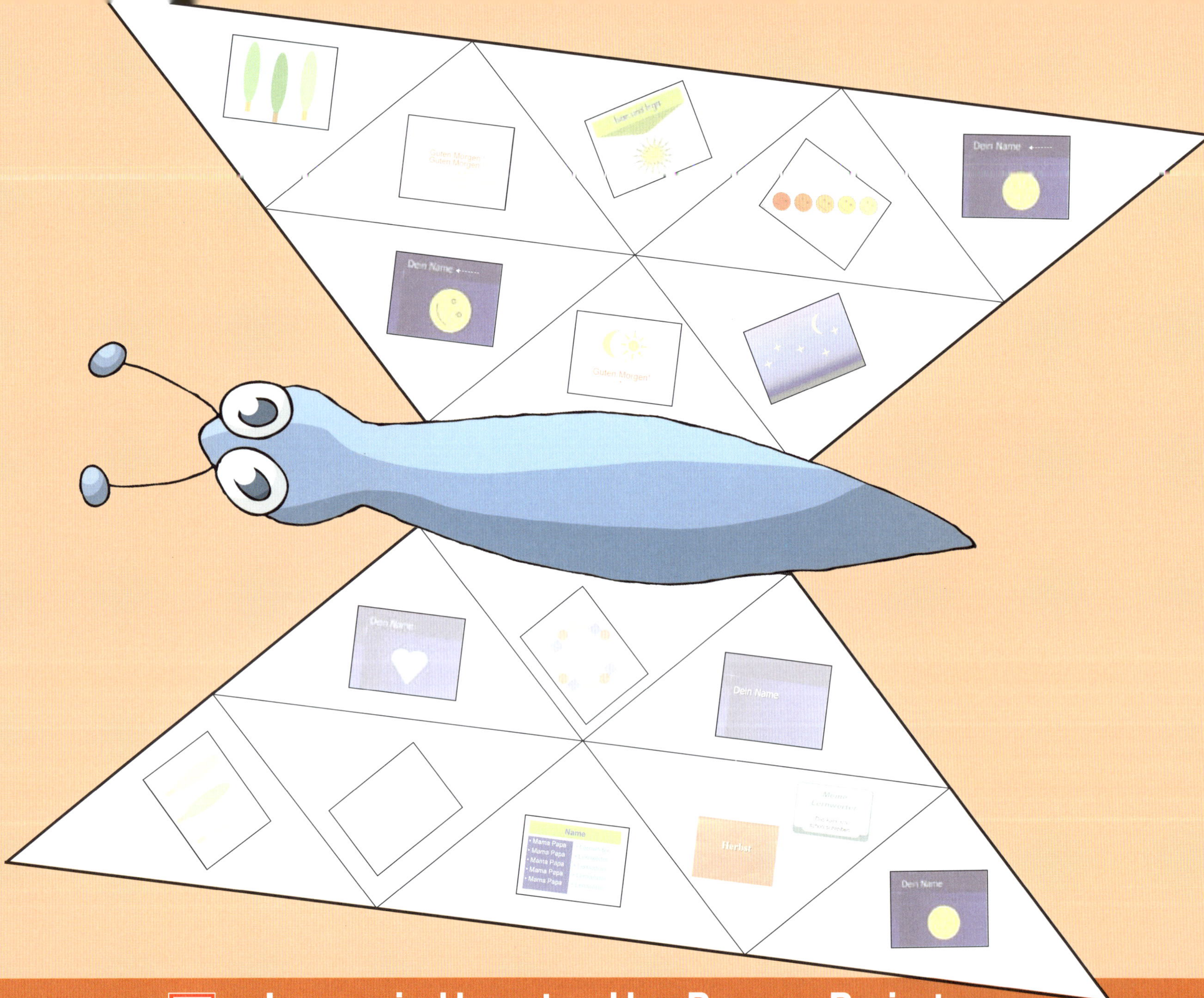

POWER-POINT

Lernzielkontrolle PowerPoint

POWER-POINT

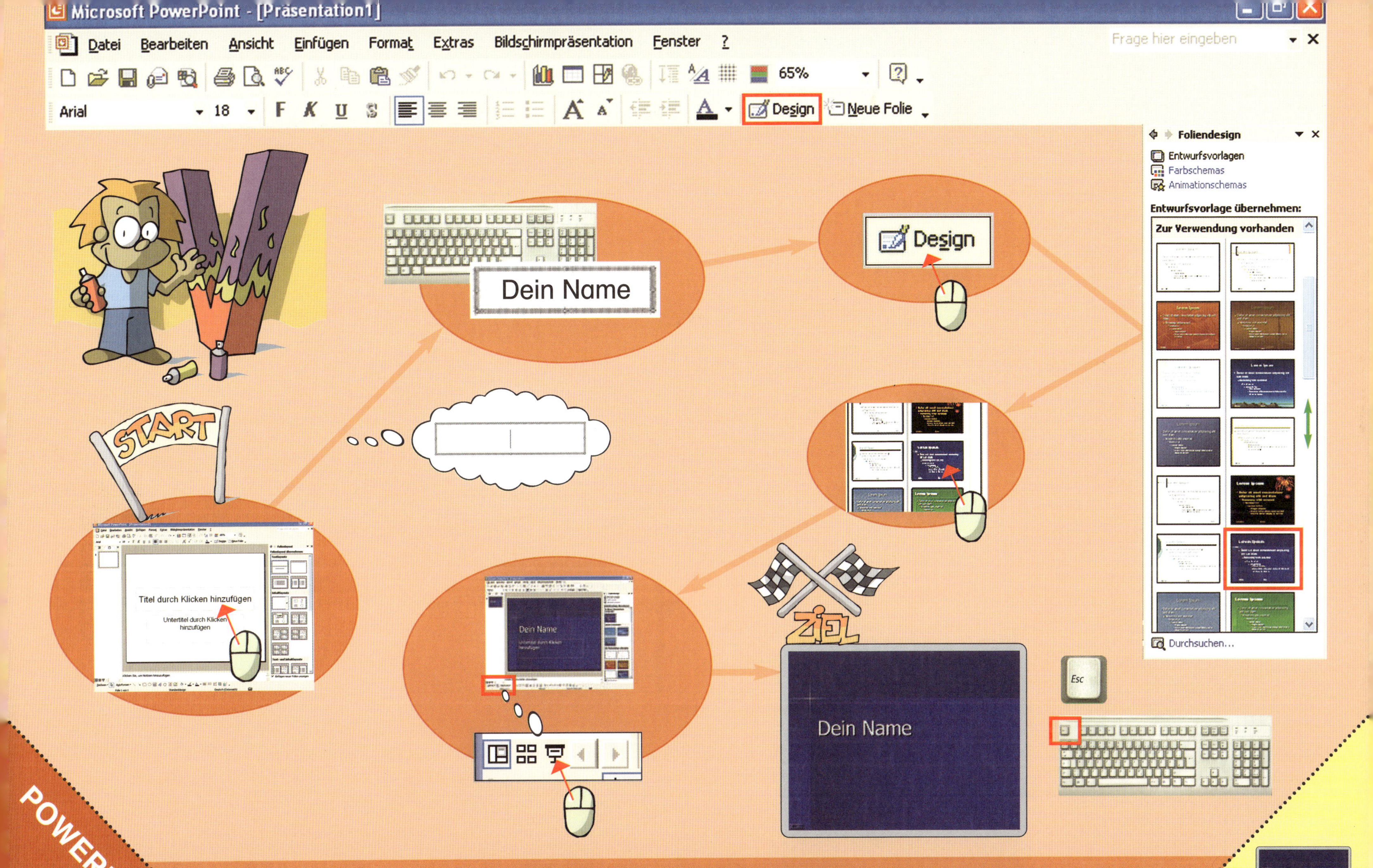

Text und Design

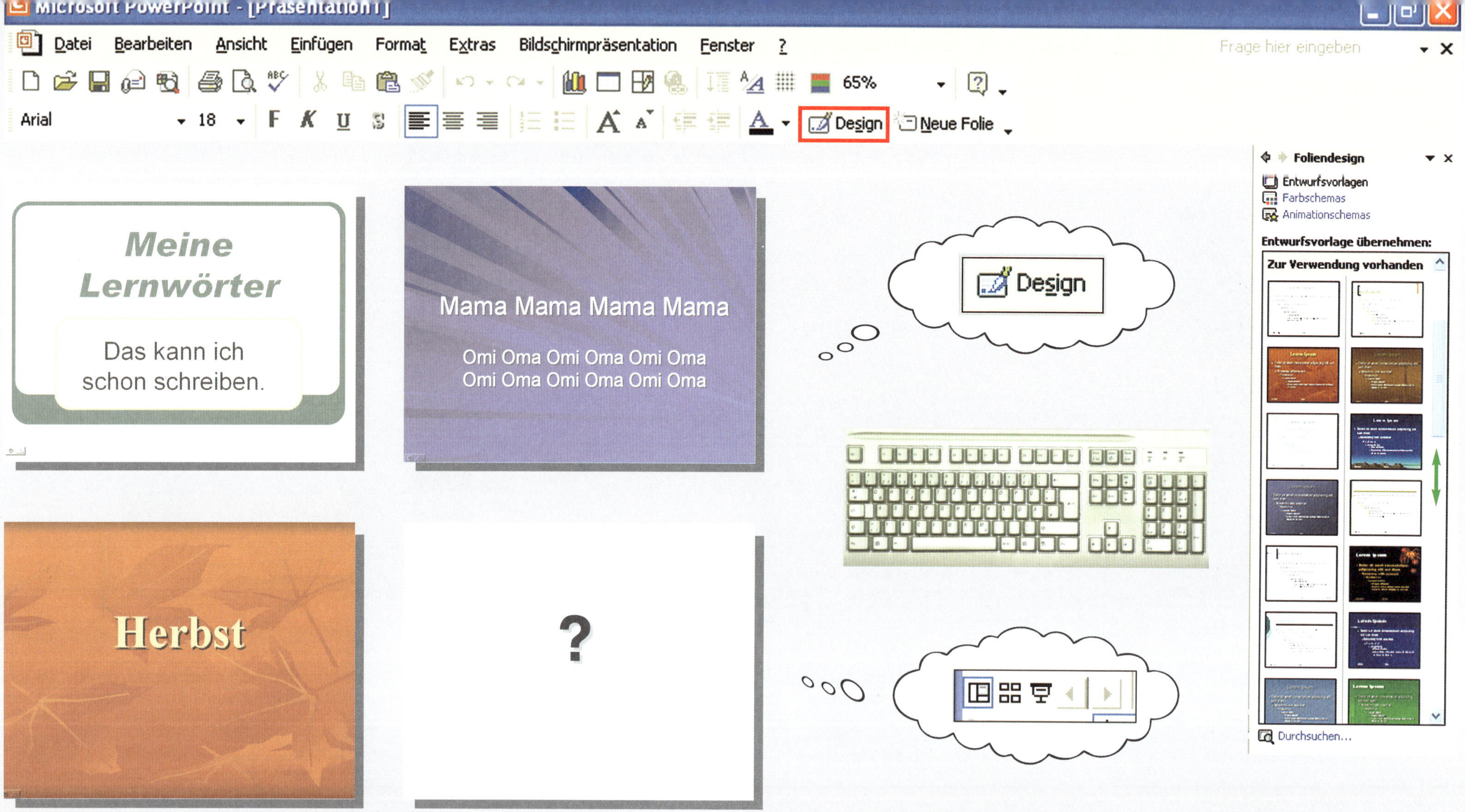
Microsoft PowerPoint - [Präsentation1]
Datei
Bearbeiten
Ansicht
Einfügen
Format
Extras
Bildschirmpräsentation
Fenster
?
Frage hier eingeben
65%
Arial
18
F
K
U
S
Design
Neue Folie
Foliendesign
Entwurfsvorlagen
Farbschemas
Animationschemas
Entwurfsvorlage übernehmen:
Zur Verwendung vorhanden
Durchsuchen...
Meine Lernwörter
Das kann ich schon schreiben.
Mama Mama Mama Mama
Omi Oma Omi Oma Omi Oma
Omi Oma Omi Oma Omi Oma
Herbst
?
Design

Herbst

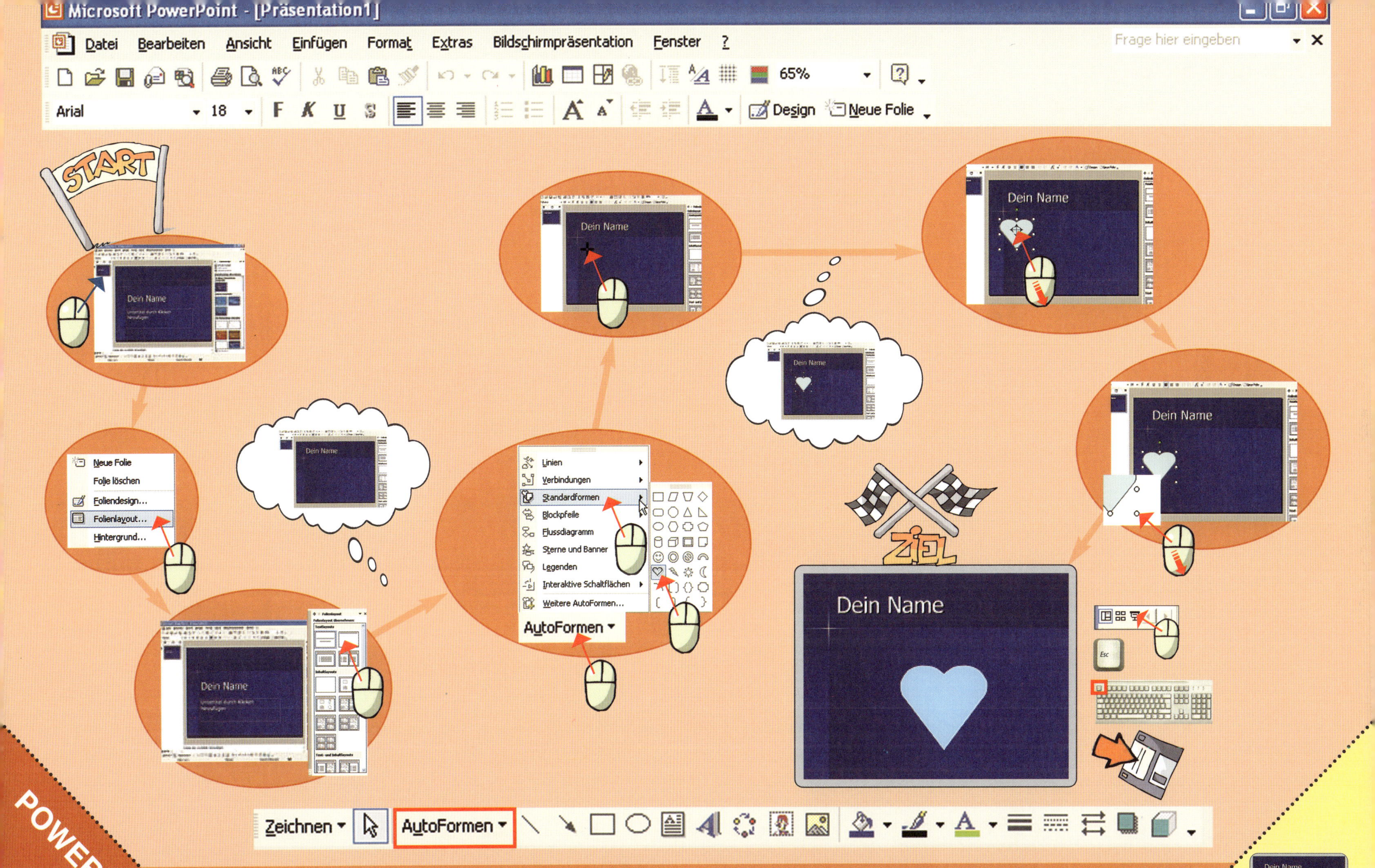
Microsoft PowerPoint - [Präsentation1]
Datei Bearbeiten Ansicht Einfügen Format Extras Bildschirmpräsentation Fenster ?
Frage hier eingeben
65%
Arial 18
Design Neue Folie
START
Dein Name
Neue Folie
Folie löschen
Foliendesign...
Folienlayout...
Hintergrund...
Linien
Verbindungen
Standardformen
Blockpfeile
Flussdiagramm
Sterne und Banner
Legenden
Interaktive Schaltflächen
Weitere AutoFormen...
AutoFormen
ZIEL
Zeichnen
AutoFormen
POWERPOINT

Formen einfügen, Größe verändern

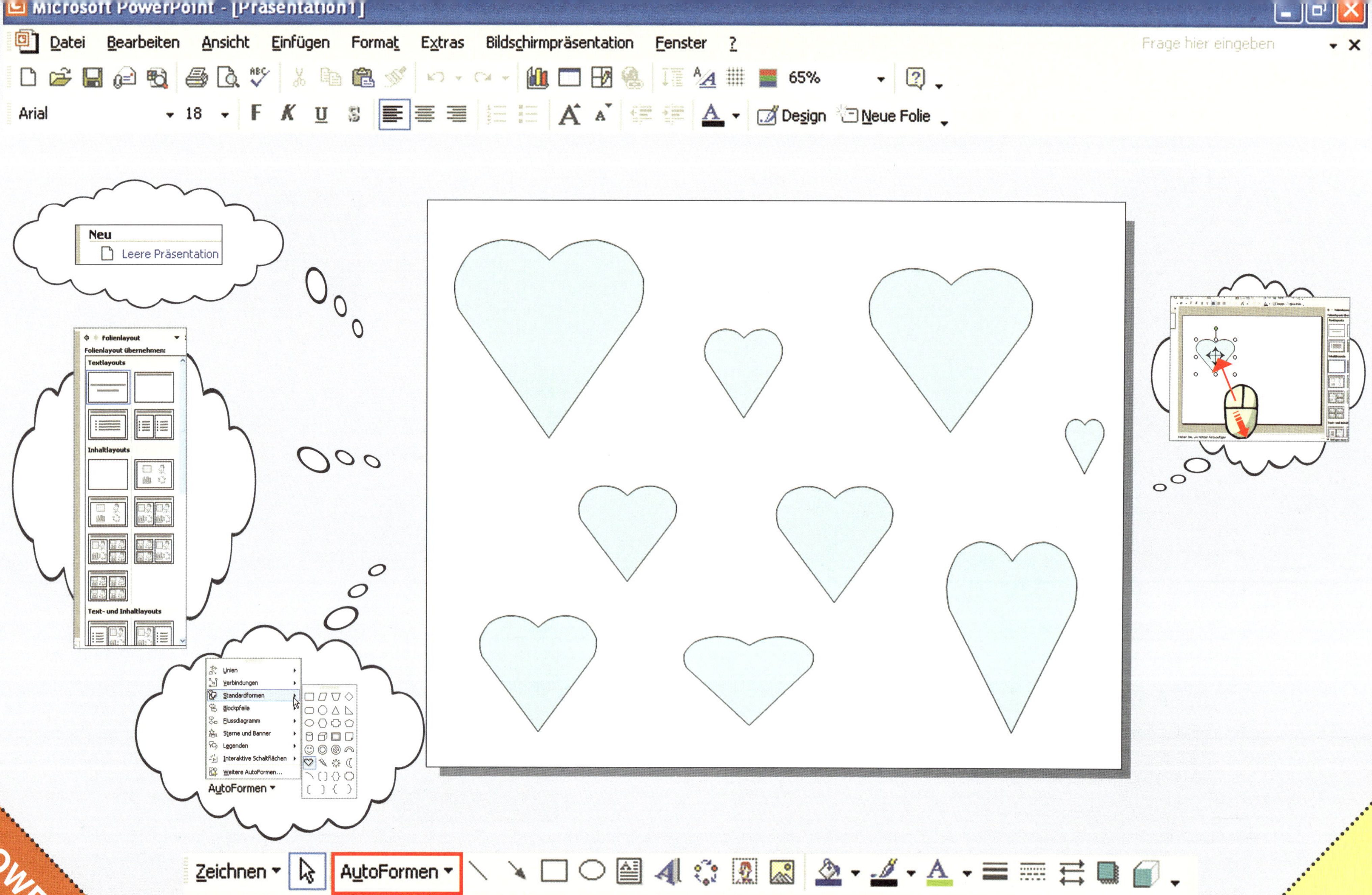

POWERPOINT

Formen einfügen, Größe verändern

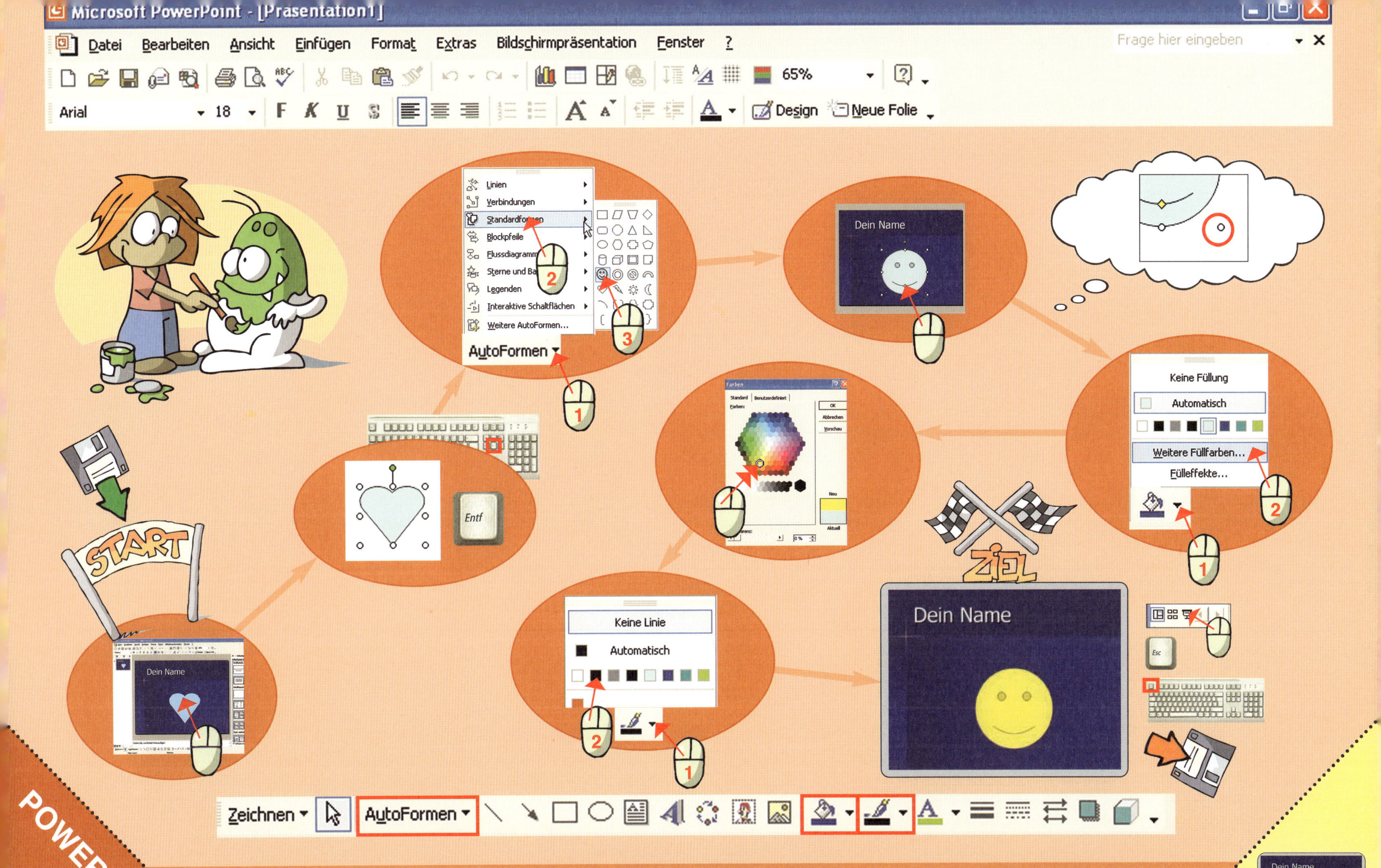

Formen färben

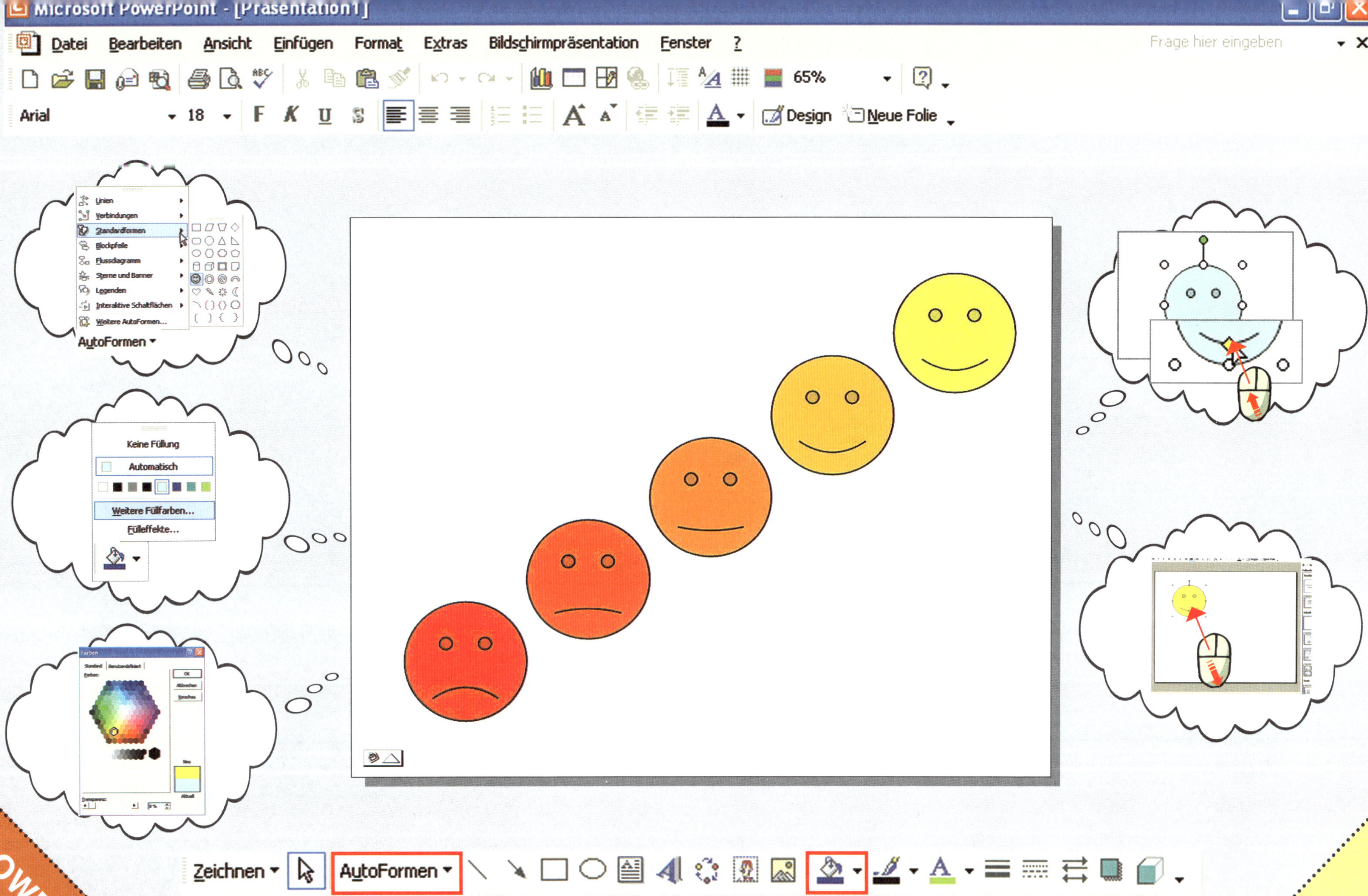

POWERPOINT

Formen färben

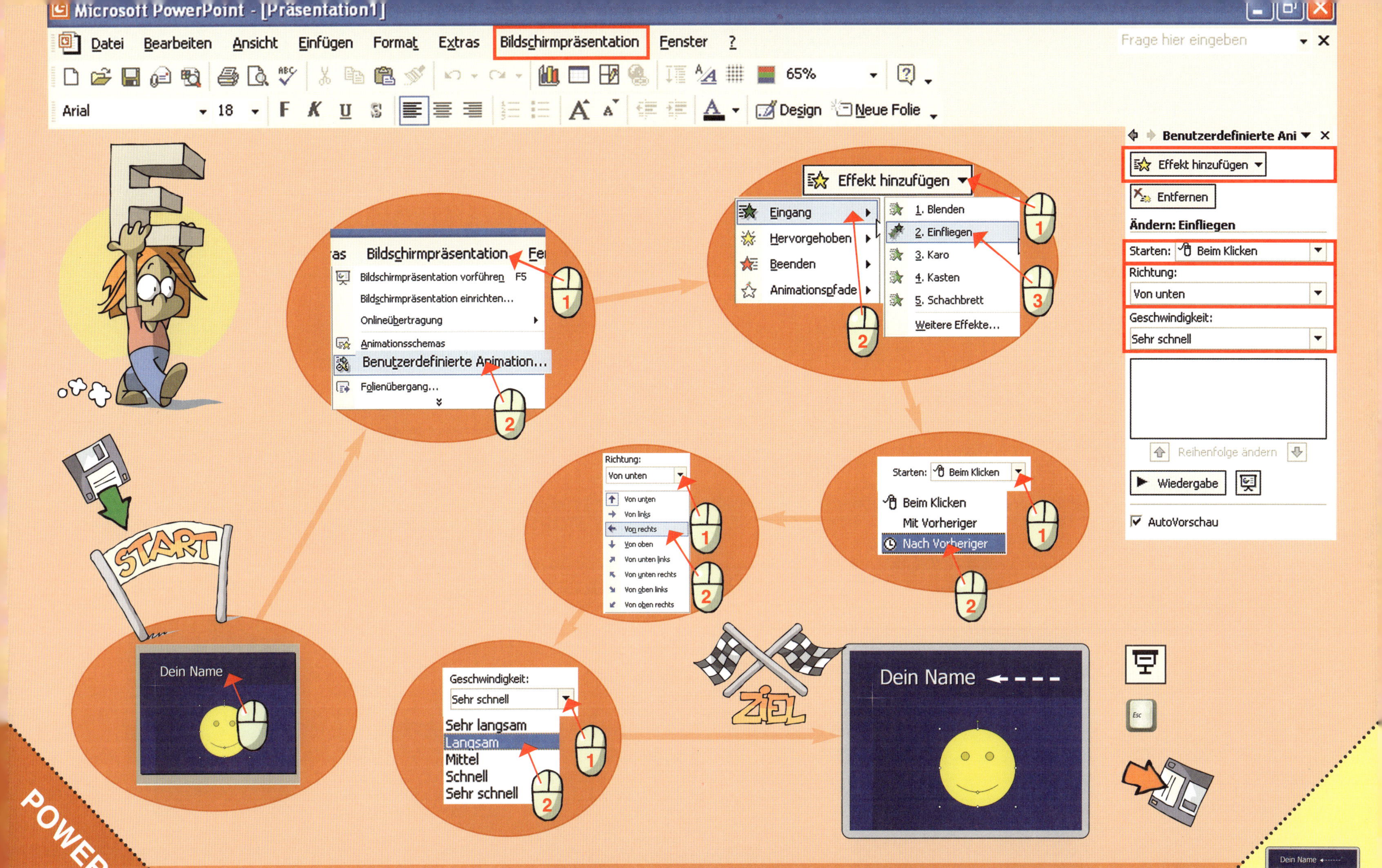
Microsoft PowerPoint - [Präsentation1]
Datei
Bearbeiten
Ansicht
Einfügen
Format
Extras
Bildschirmpräsentation
Fenster
?
Frage hier eingeben
Arial
18
65%
Design
Neue Folie
Benutzerdefinierte Ani
Effekt hinzufügen
Entfernen
Ändern: Einfliegen
Starten:
Beim Klicken
Richtung:
Von unten
Geschwindigkeit:
Sehr schnell
Reihenfolge ändern
Wiedergabe
AutoVorschau
Bildschirmpräsentation
Bildschirmpräsentation vorführen F5
Bildschirmpräsentation einrichten...
Onlineübertragung
Animationsschemas
Benutzerdefinierte Animation...
Folienübergang...
Eingang
Hervorgehoben
Beenden
Animationspfade
1. Blenden
2. Einfliegen
3. Karo
4. Kasten
5. Schachbrett
Weitere Effekte...
Starten: Beim Klicken
Beim Klicken
Mit Vorheriger
Nach Vorheriger
Richtung:
Von unten
Von unten
Von links
Von rechts
Von oben
Von unten links
Von unten rechts
Von oben links
Von oben rechts
Geschwindigkeit:
Sehr schnell
Sehr langsam
Langsam
Mittel
Schnell
Sehr schnell
START
ZIEL
Dein Name
Dein Name
Esc
POWERPOINT

Text bewegen

Dein Name

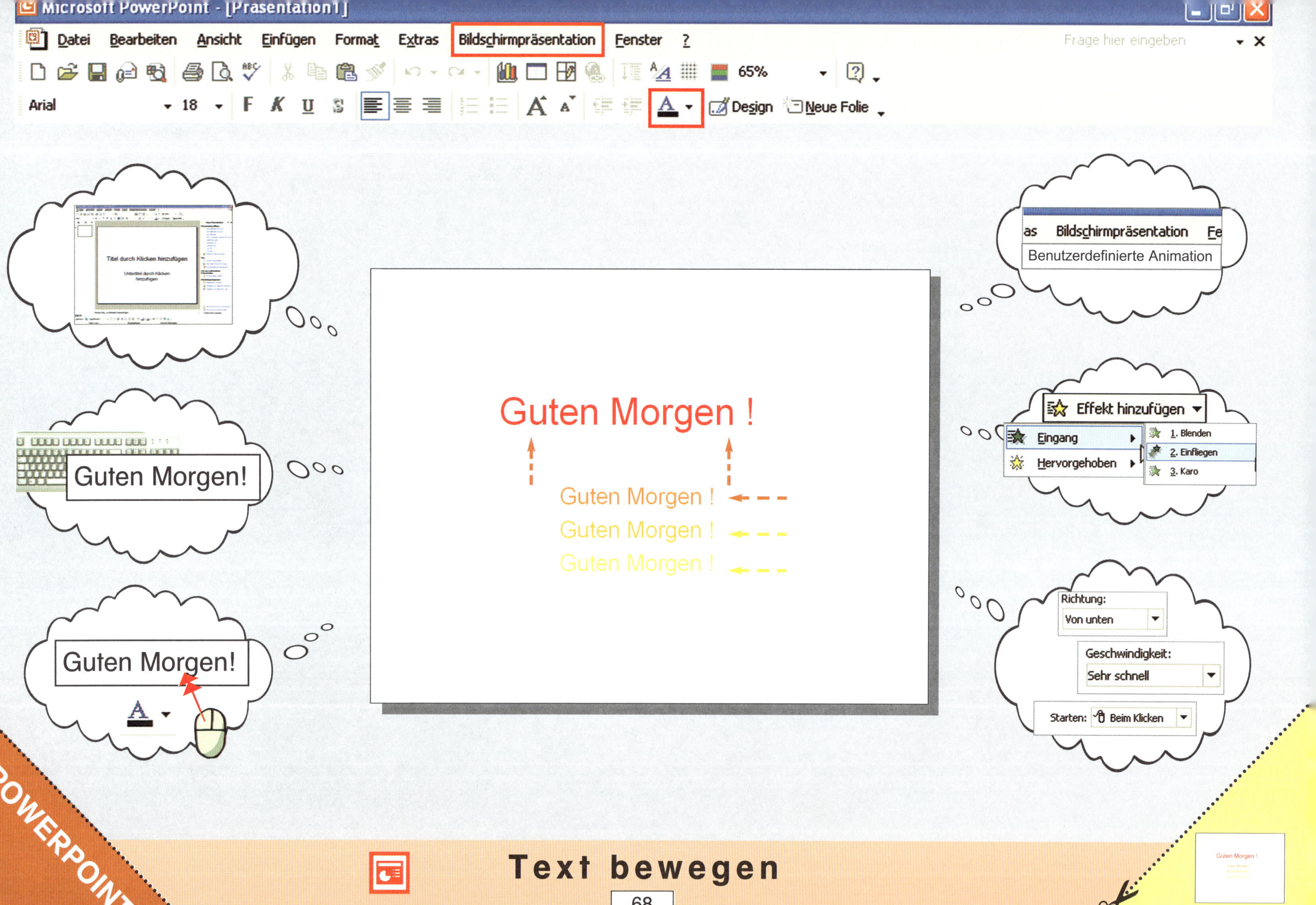
Microsoft PowerPoint - [Präsentation1]
Datei
Bearbeiten
Ansicht
Einfügen
Format
Extras
Bildschirmpräsentation
Fenster
?
Frage hier eingeben
65%
Arial
18
Design
Neue Folie
Titel durch Klicken hinzufügen
Untertitel durch Klicken hinzufügen
Guten Morgen!
Guten Morgen!
Guten Morgen !
Guten Morgen !
Guten Morgen !
Guten Morgen !
as
Bildschirmpräsentation
Fe
Benutzerdefinierte Animation
Effekt hinzufügen
Eingang
Hervorgehoben
1. Blenden
2. Einfliegen
3. Karo
Richtung:
Von unten
Geschwindigkeit:
Sehr schnell
Starten:
Beim Klicken
Guten Morgen !

POWERPOINT

Text bewegen

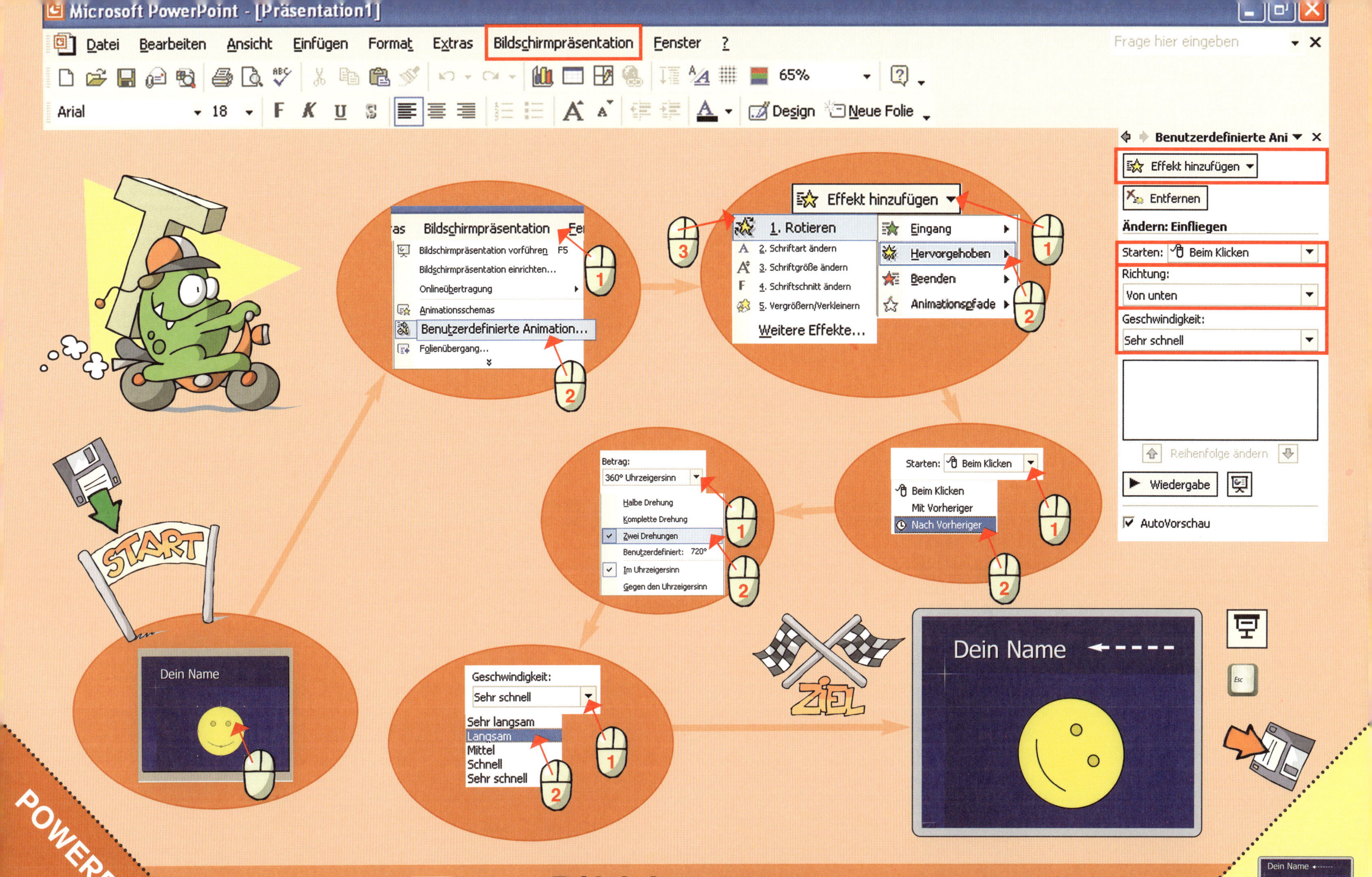

Bild bewegen

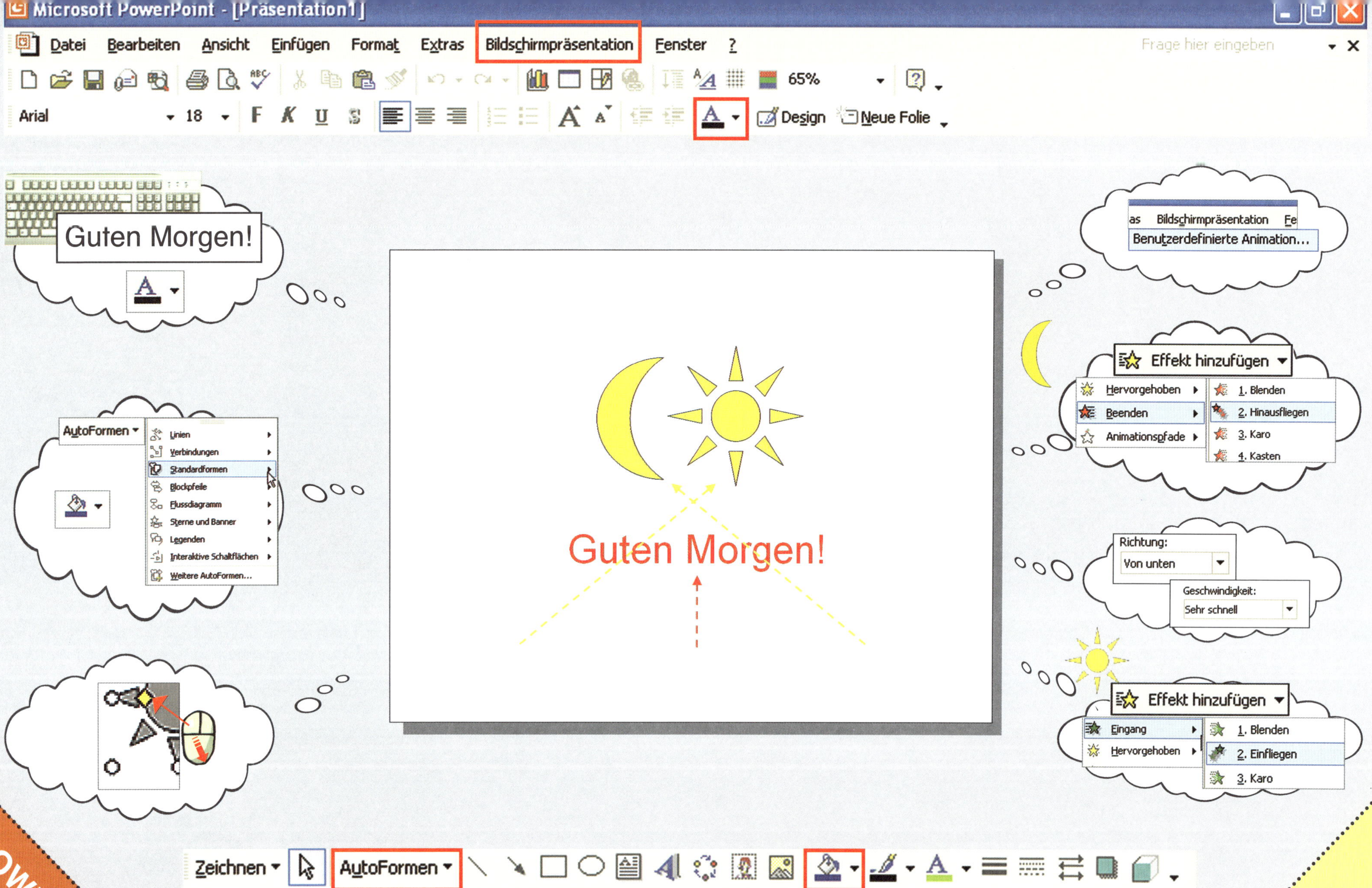
Microsoft PowerPoint - [Präsentation1]
Datei Bearbeiten Ansicht Einfügen Format Extras Bildschirmpräsentation Fenster ?
Frage hier eingeben
65%
Arial 18
Design Neue Folie
Guten Morgen!
AutoFormen
Linien
Verbindungen
Standardformen
Blockpfeile
Flussdiagramm
Sterne und Banner
Legenden
Interaktive Schaltflächen
Weitere AutoFormen...
Bildschirmpräsentation
Benutzerdefinierte Animation...
Effekt hinzufügen
Hervorgehoben
Beenden
Animationspfade
1. Blenden
2. Hinausfliegen
3. Karo
4. Kasten
Richtung:
Von unten
Geschwindigkeit:
Sehr schnell
Effekt hinzufügen
Eingang
Hervorgehoben
1. Blenden
2. Einfliegen
3. Karo
Zeichnen
AutoFormen

POWERPOINT

Bild und Text bewegen

Microsoft PowerPoint - [Präsentation1]
Datei Bearbeiten Ansicht Einfügen Format Extras Bildschirmpräsentation Fenster ?
Frage hier eingeben
65%
Arial 18
Design
Neue Folie
Titel durch Klicken hinzufügen
Ivan und Inga
an und Inga
1
Automatisch
Weitere Farben...
2
Kein 3D
3D-Art
3D-Einstellungen...
Keine Füllung
Automatisch
Weitere Füllfarben...
Fülleffekte...
Titel durch Klicken hinzufügen
Neu
Leere Präsentation
Linien
Verbindungen
Standardformen
Blockpfeile
Flussdiagramm
Sterne und Banner
Legenden
Interaktive Schaltflächen
Weitere AutoFormen...
AutoFormen
START
ZIEL
Ivan und Inga
Zeichnen
AutoFormen
POWERPOINT

Textfeld gestalten

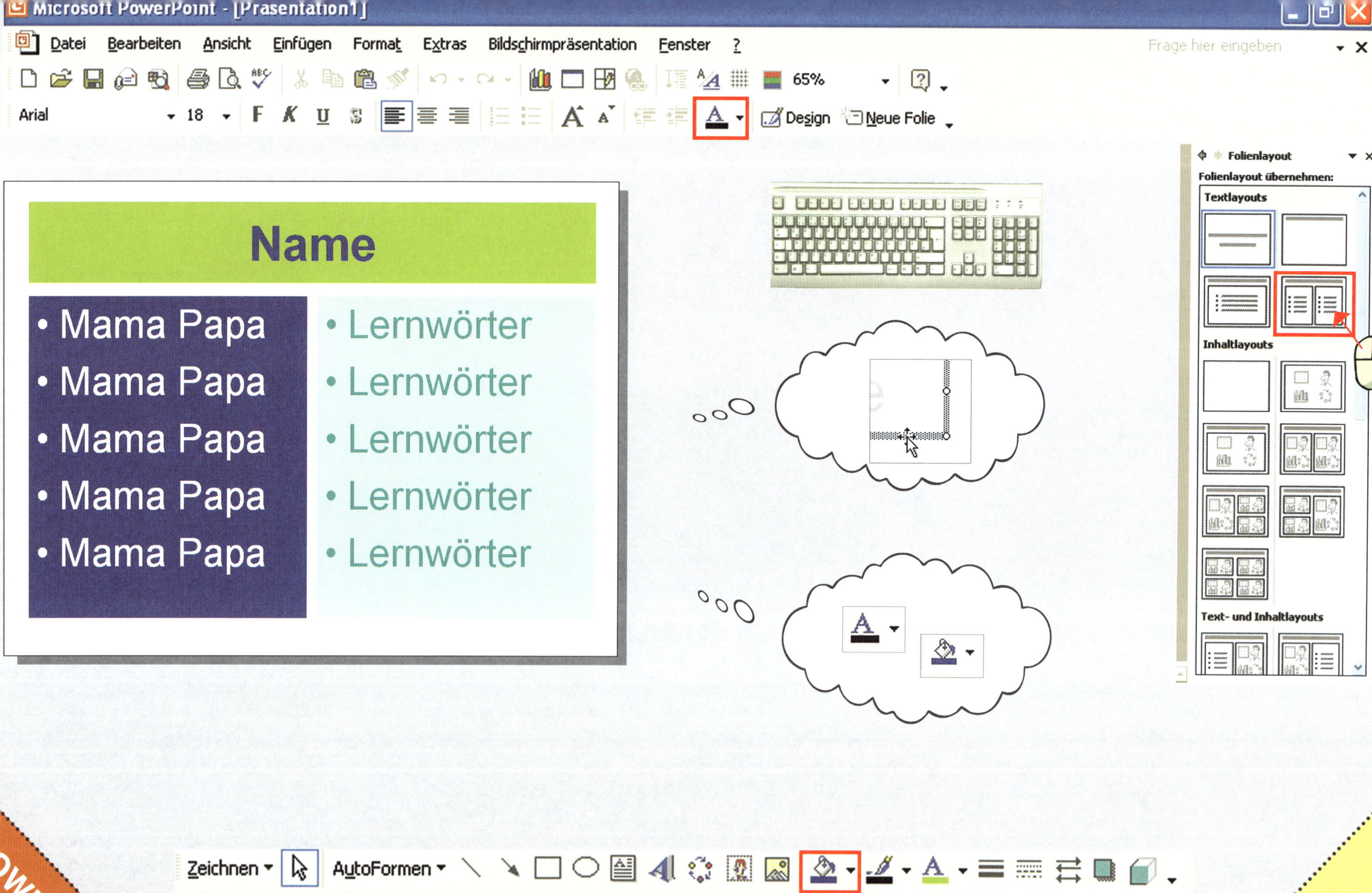
Microsoft PowerPoint - [Präsentation1]
Datei Bearbeiten Ansicht Einfügen Format Extras Bildschirmpräsentation Fenster ?
Frage hier eingeben
65%
Arial 18
Design Neue Folie
Name
• Mama Papa
• Mama Papa
• Mama Papa
• Mama Papa
• Mama Papa
• Lernwörter
• Lernwörter
• Lernwörter
• Lernwörter
• Lernwörter
Folienlayout
Folienlayout übernehmen:
Textlayouts
Inhaltlayouts
Text- und Inhaltlayouts
Zeichnen AutoFormen

POWERPOINT

Textfeld gestalten

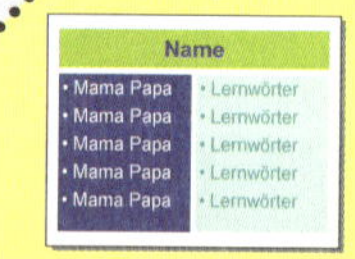
Name

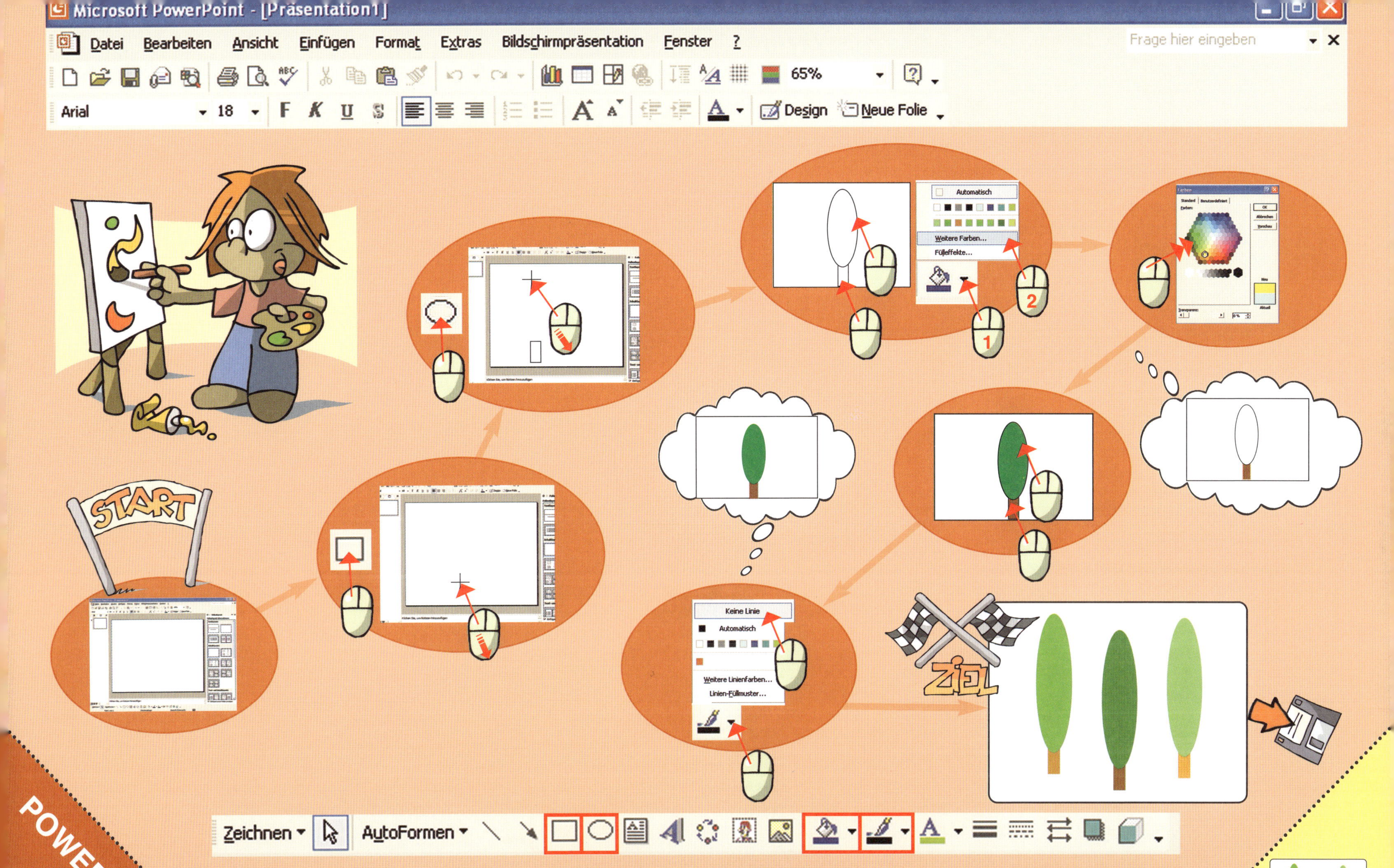

POWERPOINT

Zeichnen und färben

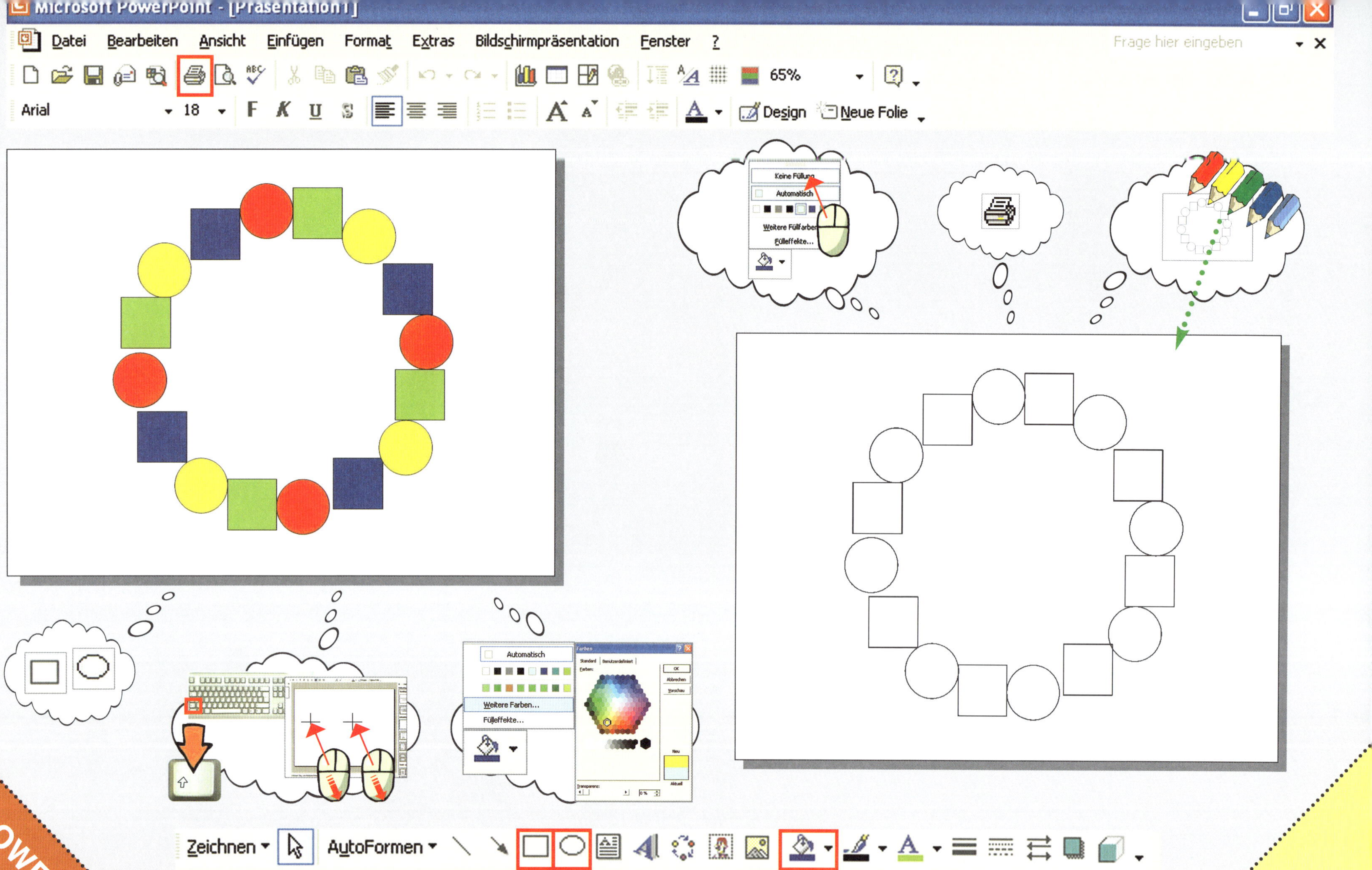

POWERPOINT

Zeichnen und färben

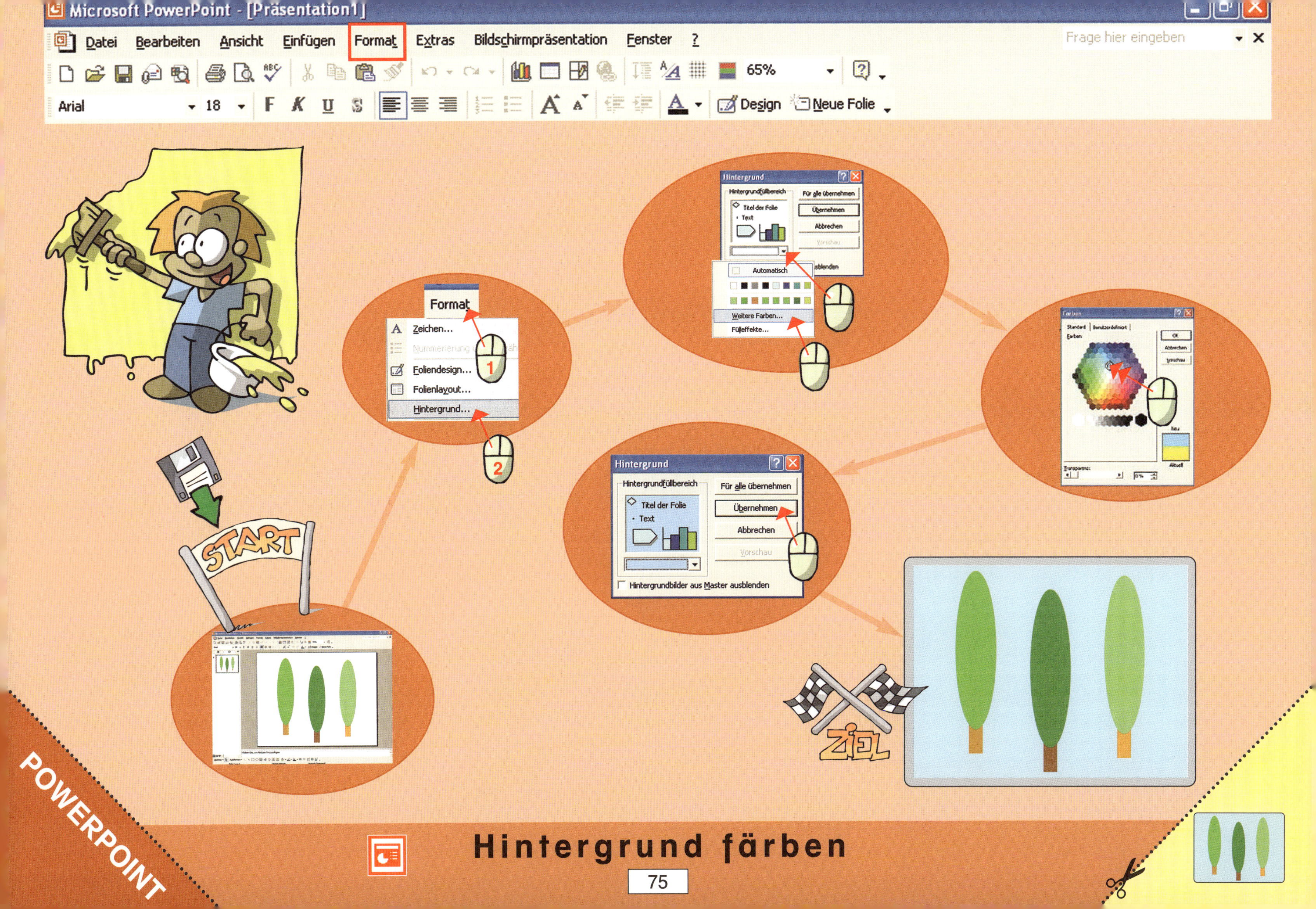
Microsoft PowerPoint - [Präsentation1]
Datei
Bearbeiten
Ansicht
Einfügen
Format
Extras
Bildschirmpräsentation
Fenster
?
Frage hier eingeben
65%
Arial
18
Design
Neue Folie
Format
Zeichen...
Foliendesign...
Folienlayout...
Hintergrund...
1
2
Hintergrund
Hintergrundfüllbereich
Für alle übernehmen
Übernehmen
Abbrechen
Vorschau
Titel der Folie
Text
Automatisch
Weitere Farben...
Fülleffekte...
Hintergrund
Hintergrundfüllbereich
Für alle übernehmen
Übernehmen
Abbrechen
Vorschau
Titel der Folie
Text
Hintergrundbilder aus Master ausblenden
START
ZIEL
POWERPOINT

Hintergrund färben

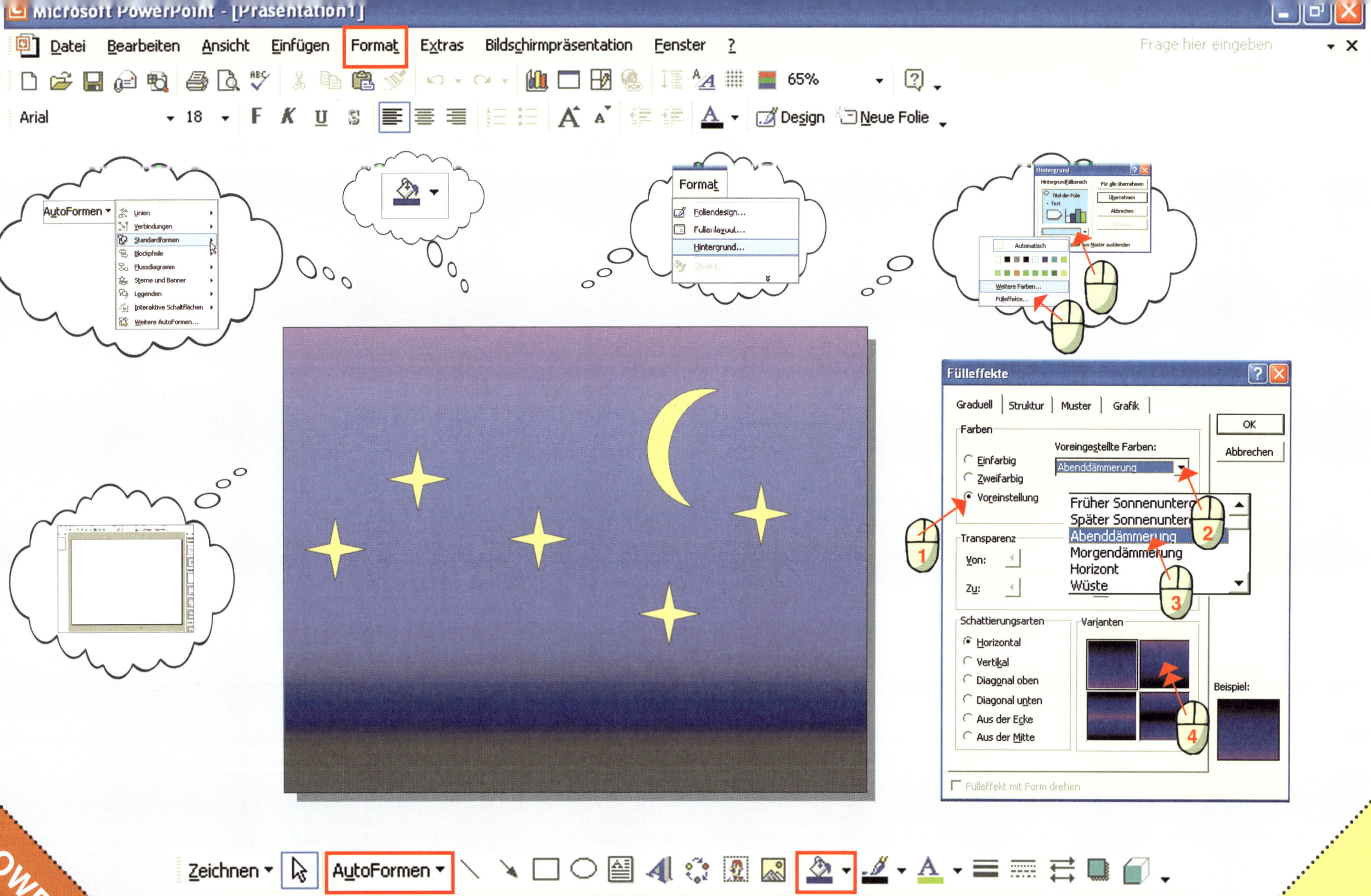
Microsoft PowerPoint - [Präsentation1]
Datei
Bearbeiten
Ansicht
Einfügen
Format
Extras
Bildschirmpräsentation
Fenster
?
Frage hier eingeben
65%
Arial
18
F
K
U
S
Design
Neue Folie
AutoFormen
Linien
Verbindungen
Standardformen
Blockpfeile
Flussdiagramm
Sterne und Banner
Legenden
Interaktive Schaltflächen
Weitere AutoFormen...
Format
Foliendesign...
Folienlayout...
Hintergrund...
Hintergrund
Automatisch
Weitere Farben...
Fülleffekte...
Fülleffekte
Graduell
Struktur
Muster
Grafik
OK
Abbrechen
Farben
Einfarbig
Zweifarbig
Voreinstellung
Voreingestellte Farben:
Abenddämmerung
Früher Sonnenunterg
Später Sonnenunter
Abenddämmerung
Morgendämmerung
Horizont
Wüste
Transparenz
Von:
Zu:
Schattierungsarten
Horizontal
Vertikal
Diagonal oben
Diagonal unten
Aus der Ecke
Aus der Mitte
Varianten
Beispiel:
Fülleffekt mit Form drehen
1
2
3
4
Zeichnen
AutoFormen

POWERPOINT

Hintergrund färben

Zubehör
Acrobat Reader 5.0
Internet Explorer
Microsoft Access
Microsoft Excel
Microsoft FrontPage
Microsoft Outlook
Microsoft Picture It! Foto 2001
Microsoft PowerPoint
Microsoft Publisher
Microsoft Word
Nero - Burning Rom
Windows Media Player
Alle Programme
Start
1
2
3

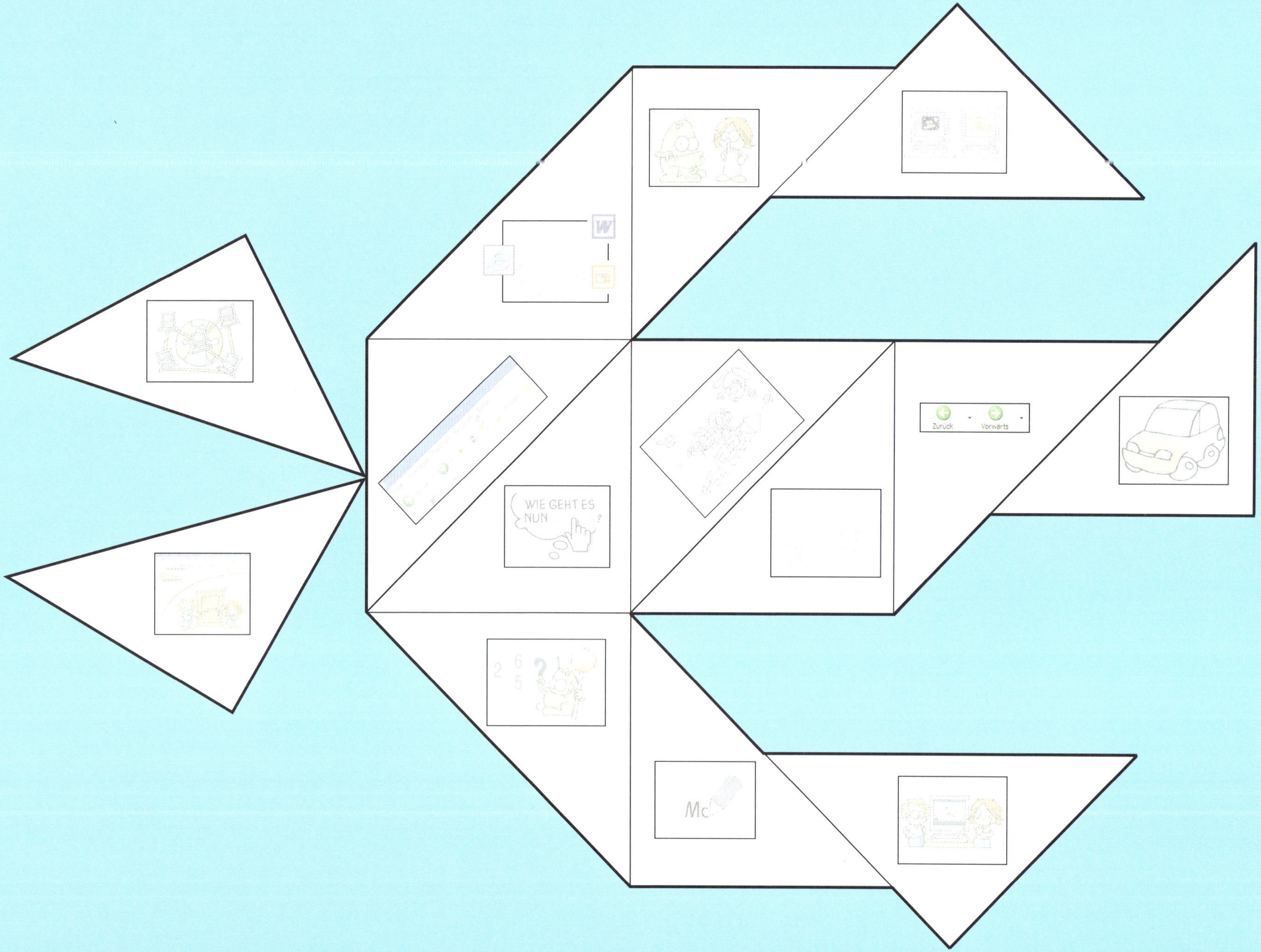
WIE GEHT ES NUN
Zurück
Vorwärts
Mc

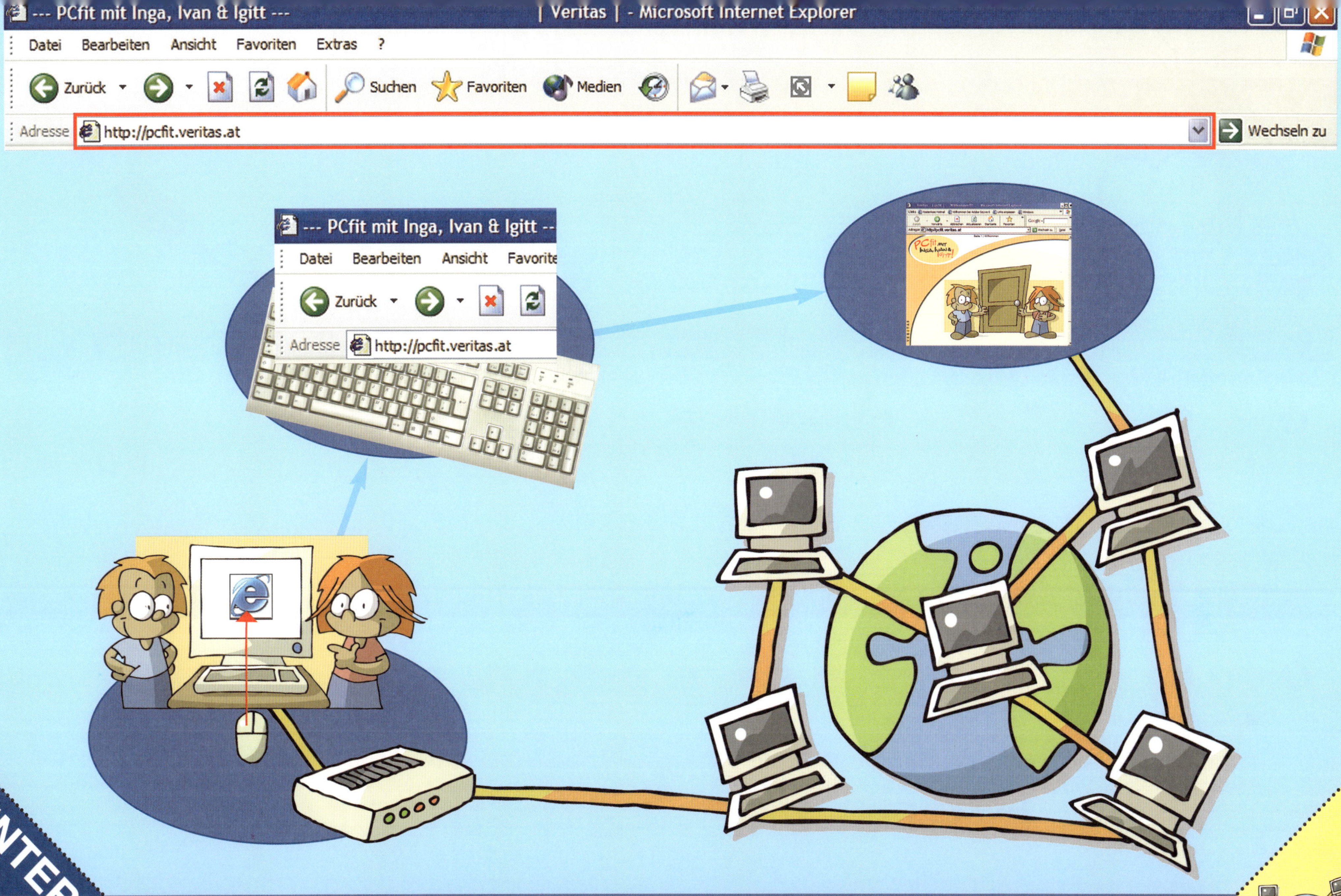

INTERNET

Was ist das Internet?

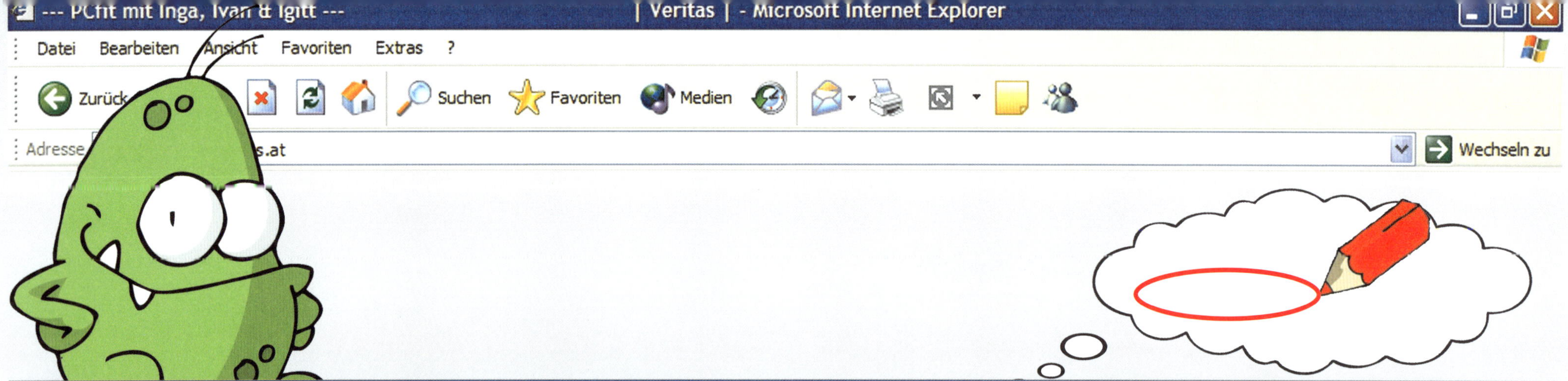

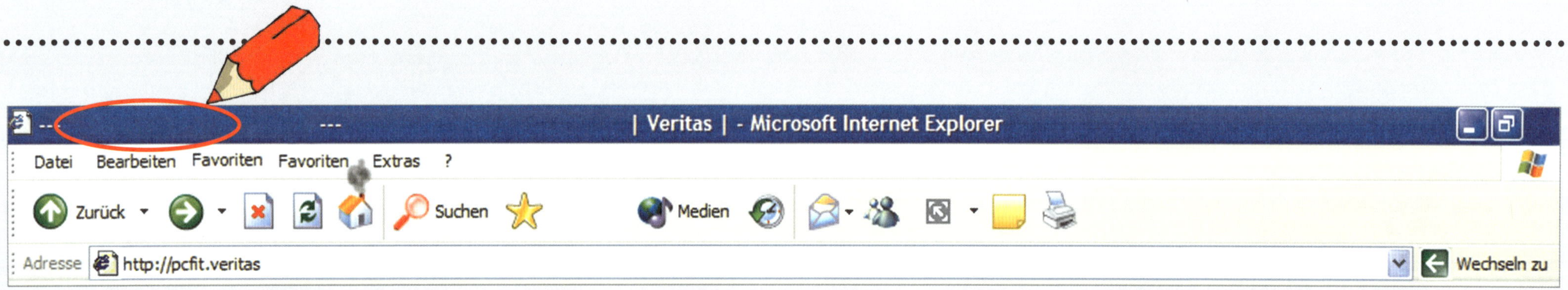

Finde die 12 Fehler!

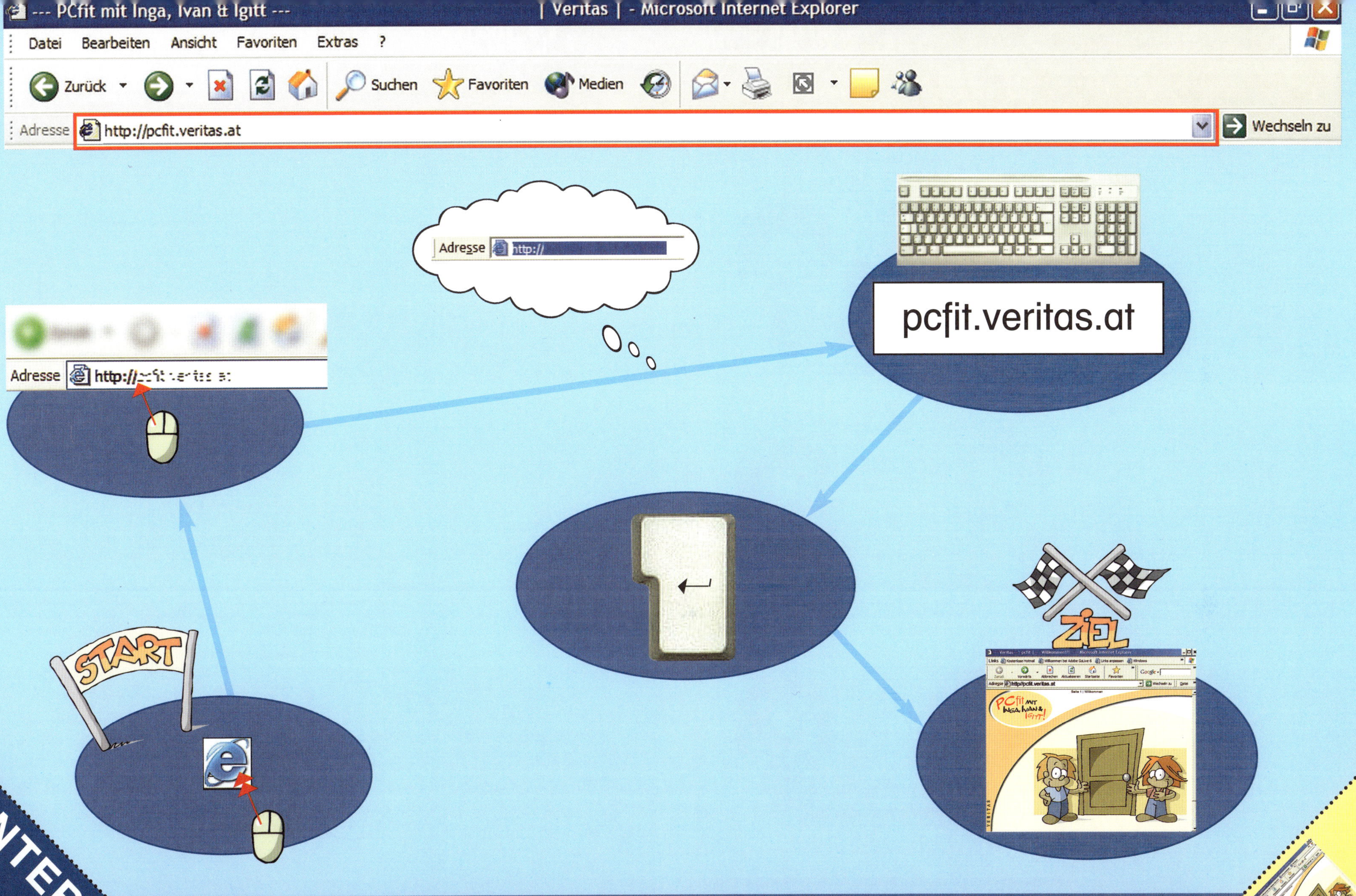

INTERNET

Adressen eintragen

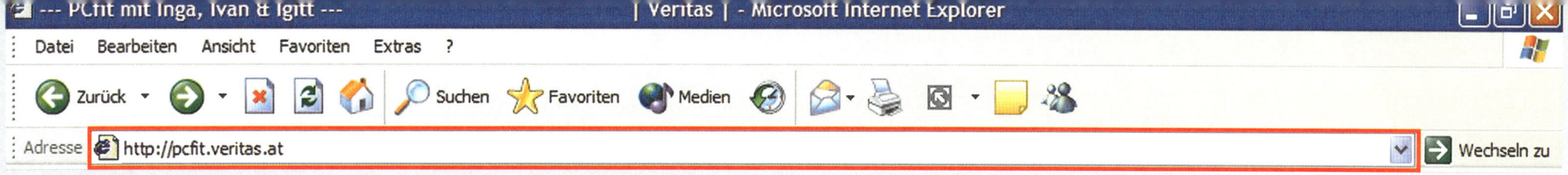

www.kidsweb.at

www.kiku.at

www.blinde-kuh.at

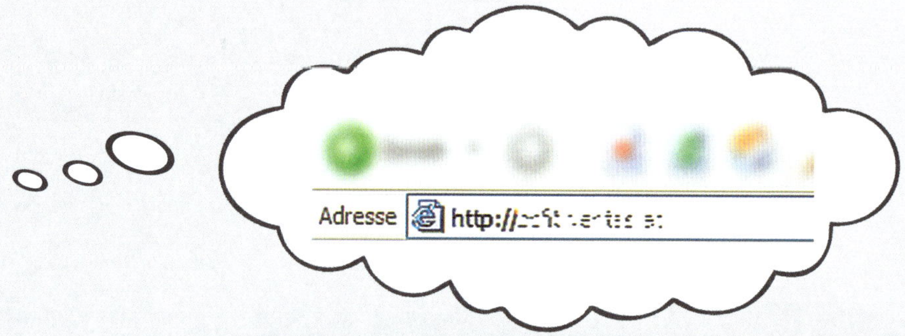

Adressen eintragen

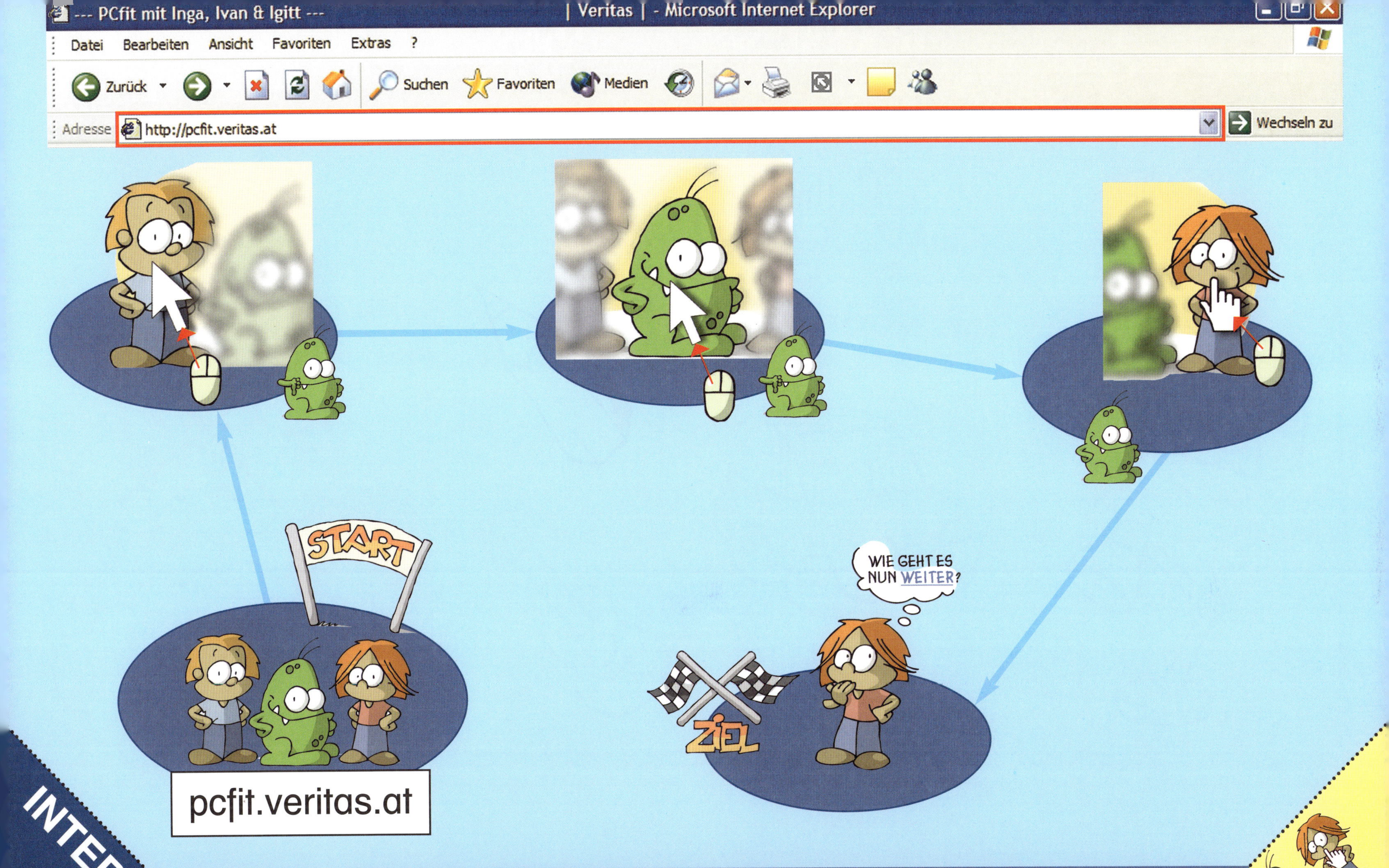

INTERNET

Hyperlinks in Bildern erkennen

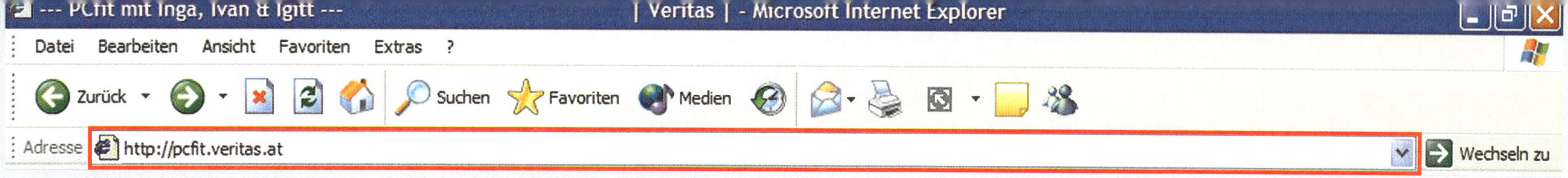

INTERNET

Hyperlinks in Bildern erkennen

Hyperlinks in Texten erkennen

WIE GEHT ES NUN WEITER?

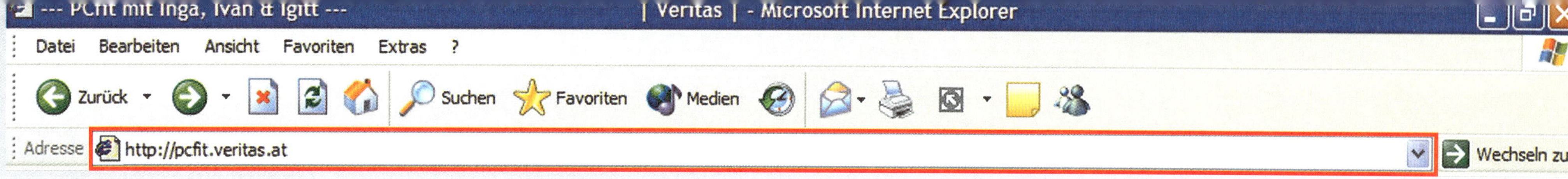

Ma

INTERNET

Hyperlinks in Texten erkennen

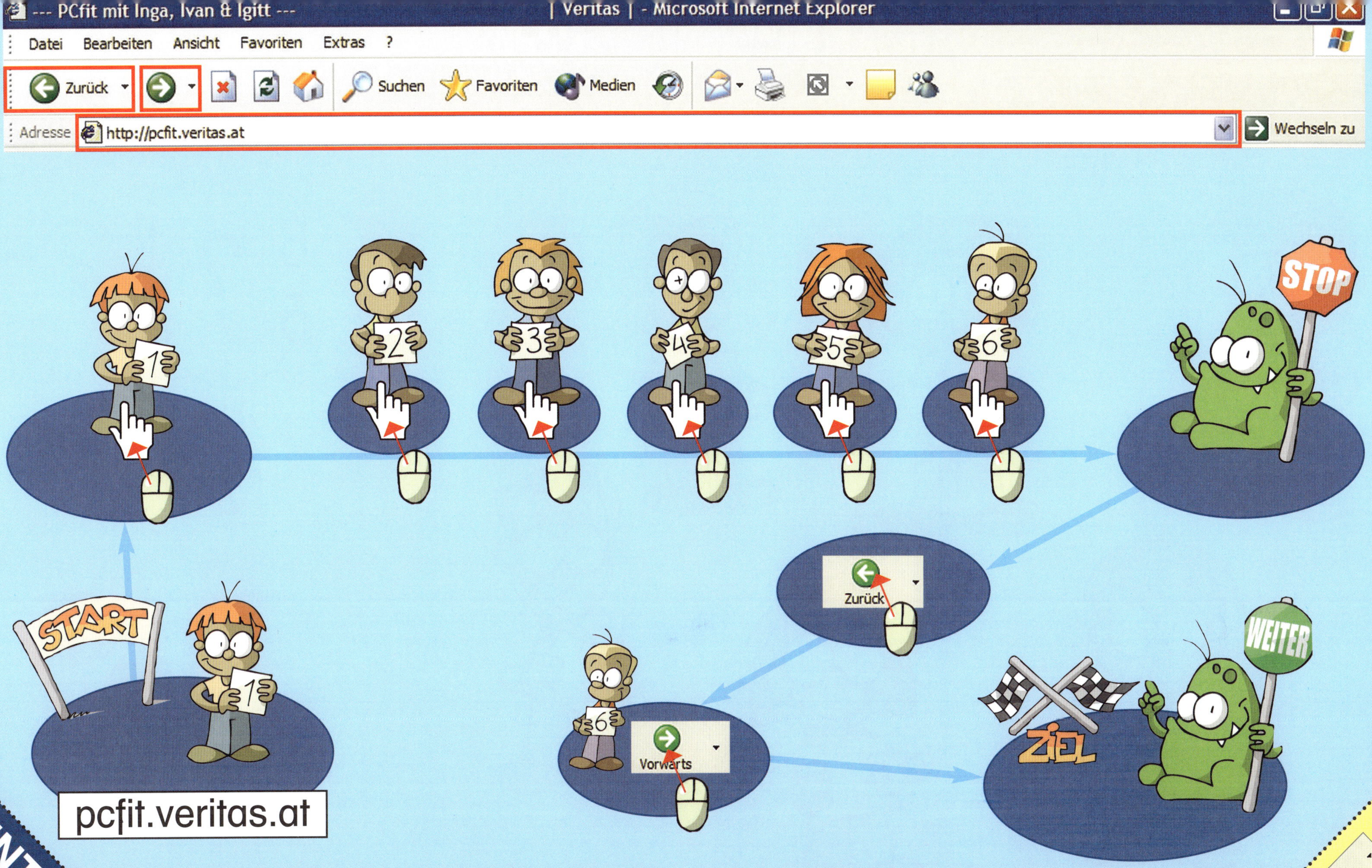

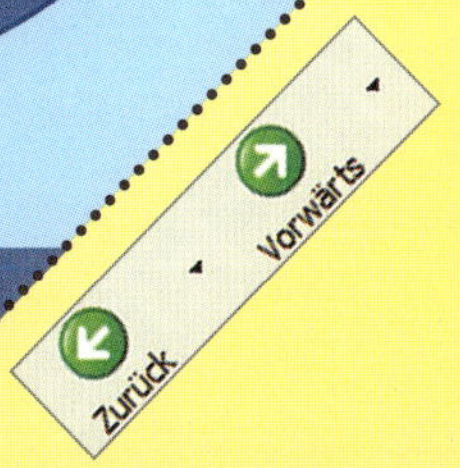

Vorwärts und rückwärts

Vorwärts und rückwärts

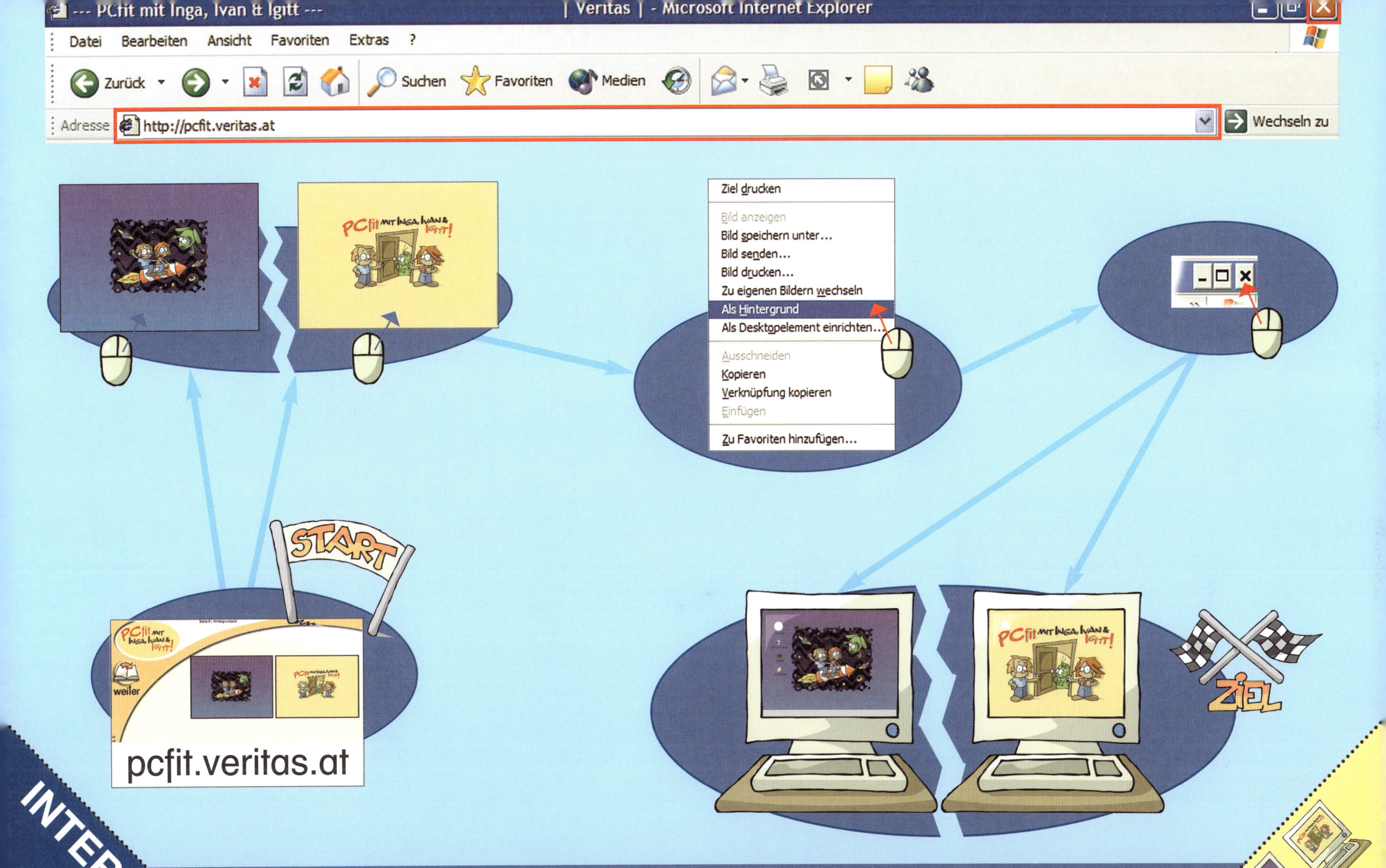
--- PCfit mit Inga, Ivan & Igitt --- | Veritas | - Microsoft Internet Explorer
Datei Bearbeiten Ansicht Favoriten Extras ?
Zurück
Suchen
Favoriten
Medien
Adresse
http://pcfit.veritas.at
Wechseln zu
Ziel drucken
Bild anzeigen
Bild speichern unter…
Bild senden…
Bild drucken…
Zu eigenen Bildern wechseln
Als Hintergrund
Als Desktopelement einrichten…
Ausschneiden
Kopieren
Verknüpfung kopieren
Einfügen
Zu Favoriten hinzufügen…
START
weiter
pcfit.veritas.at
ZIEL

INTERNET

Hintergrundbild

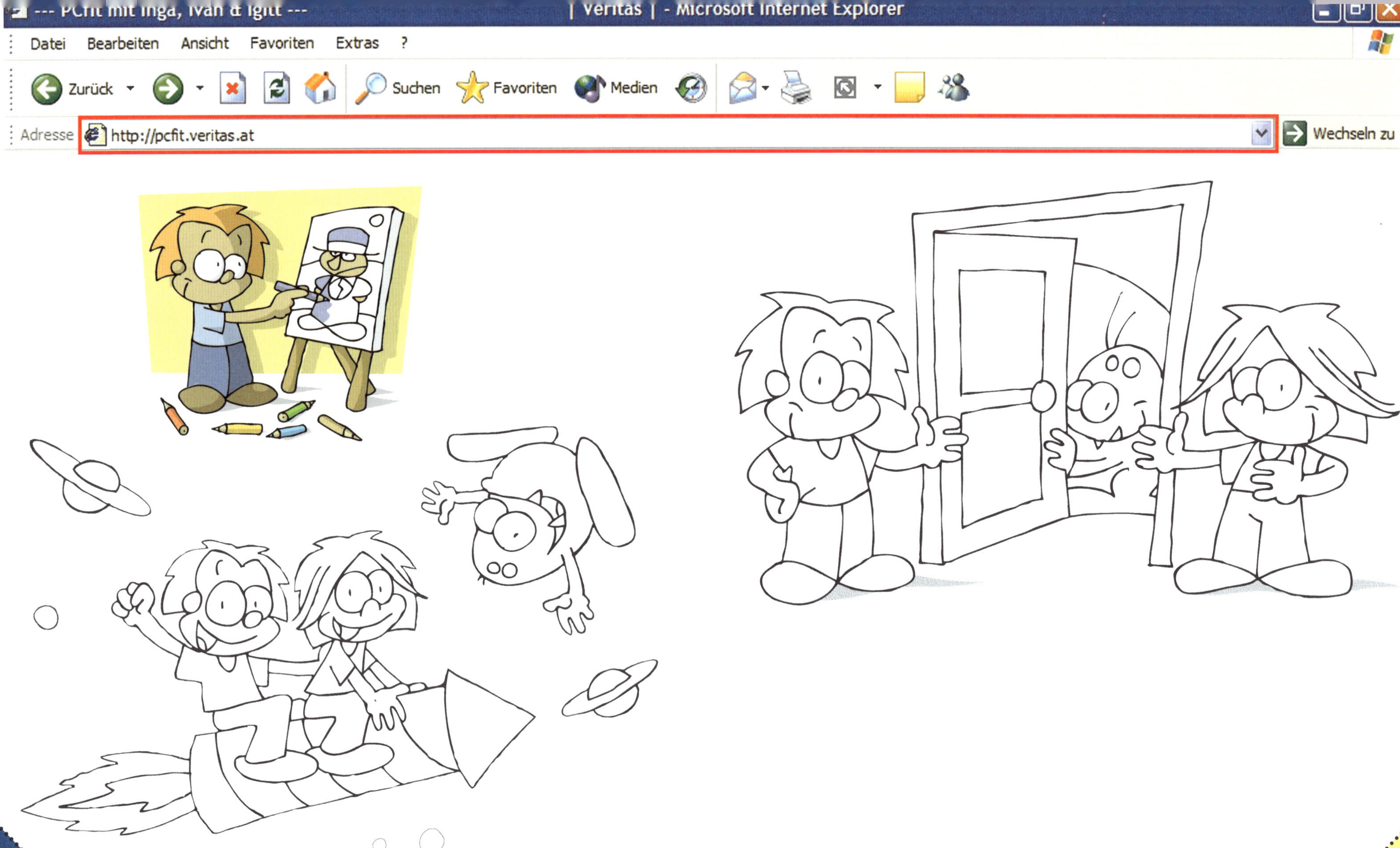

INTERNET

Hintergrundbild

Bilder kopieren

--- PCfit mit Inga, Ivan & Igitt --- | Veritas | - Microsoft Internet Explorer

Datei Bearbeiten Ansicht Favoriten Extras ?

Zurück Suchen Favoriten Medien

Adresse http://pcfit.veritas.at Wechseln zu

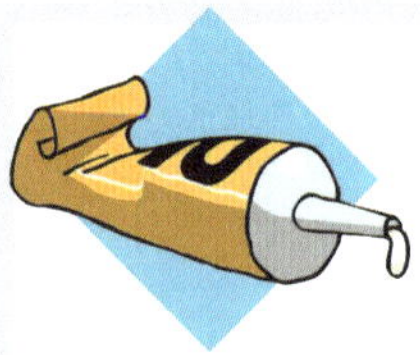

Inga, Ivan und Igitt!

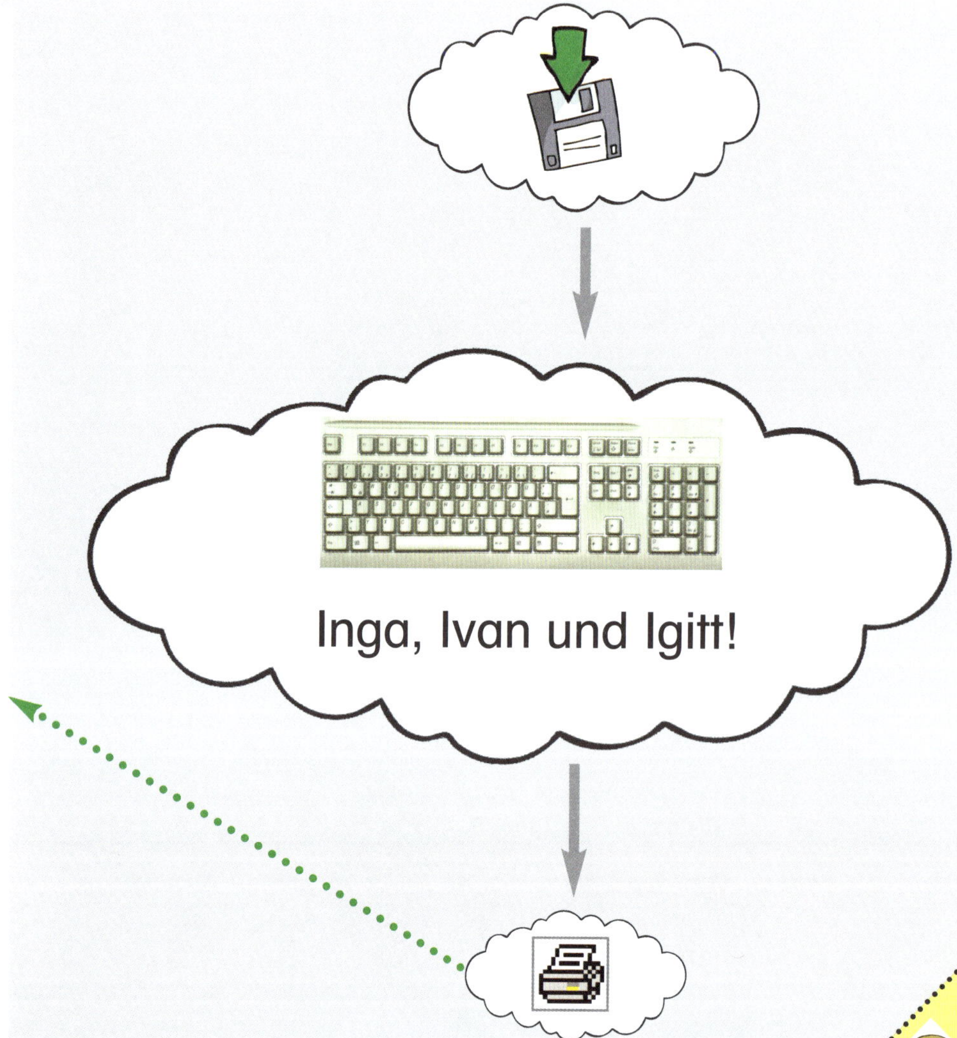

INTERNET

Bilder kopieren

Hallo PC-Profi!

Eigentlich heiße ich Tyrannosaurus Compumusuides Ronnus Rex. Aber weil das den meisten viel zu lange ist, werde ich schlicht Ronni genannt. Wie du siehst, trage ich das olympische Feuer in meiner rechten Pfote!

Die Computer Olympiade gibt es nun in ganz Österreich. In jedem Bundesland findet in den Monaten Mai und Juni eine Olympiade statt, Ende Juni werden dann die Besten aus allen Bundesländern gegeneinander antreten. Es gibt viele tolle Preise (Computer, ...) zu gewinnen.

Die Computer Olympiade funktioniert ganz einfach: Du sollst in 45 Minuten eine Aufgabe lösen. Das Besondere ist, dass du PAINT, WORD, POWERPOINT und INTERNET miteinander verwendest. Eine Jury bewertet, wie genau du die Aufgabe gelöst hast. Bei Punktegleichstand entscheidet die Zeit. Wenn du alle Aufgaben in PCfit 1 und 2 und die zwei Olympiade-Beispiele übst, bist du sehr gut für die Gruppe 1 (Schulstufe 1+2) vorbereitet und solltest dich für die Olympiade anmelden (Das Nenngeld beträgt: € 9,00). Mehr Infos erhältst du unter www.computerolympiade.com oder über die Hotline +43/650/Olympia (659 67 42).

Anmeldung

COMPUTER OLYMPIADE

Name: ....

Adresse: ....

PLZ, Ort ....

Schule (Bundesland): ....

Tel.: ....

E-Mail: ....

Geburtsdatum: ....

Gruppe: Schulstufe: ❑ 1+2, ❑ 3+4, ❑ 5+6, ❑ 7+8; ❑ Programmieren

Datum: .... Unterschrift des Erziehungsberechtigten

Anmelden kannst du dich mittels:

- Anmeldekarte – ausfüllen und einschicken an: Computer Olympiade, Blumengasse 5, 2700 Wiener Neustadt (aber zuerst das Olympiade-Beispiel auf der Rückseite machen!)
- Internet: www.computerolympiade.com
- E-Mail: ronni@computerolympiade.com
- Telefon: +43/650/Olympia (659 67 42) oder +43/2622/26305

Also dann, bis bald! Ronni

Beispiel 1

1. Starte das Programm **Word**.
2. Zeichne mit Hilfe der Zeichen-Symbolleiste neun Kreise (keine Eier, bitte!) und ordne sie so wie auf der Vorlage rechts an.
3. Füge die drei angegebenen AutoFormen (Kreuz, Rechteck, Stern) ein und platziere sie an vorgegebener Stelle.
4. Nun färbe den ersten und den letzten Kreis rot und alle anderen gelb.
5. Schreibe in die beiden roten Kreise mit Hilfe eines Textfeldes noch die Wörter „Start“ und „Ziel“.
   Tipp: Etwas rechts von den AutoFormen gibt es das Symbol Textfeld. Es funktioniert ähnlich wie die AutoFormen.
6. Füge weiters in die bereits vorhandenen AutoFormen die jeweils richtige Grafik ein und passe deren Größe den AutoFormen an. Du kannst sie entweder vom Internet herunterladen unter www.computerolympiade.com/ronni oder passende Cliparts einfügen.
7. Zuletzt schreibe noch die Überschrift und den Text zu den jeweiligen Aktionsfeldern (z. B. als Textfeld).

RONNIS MAUSSPIEL

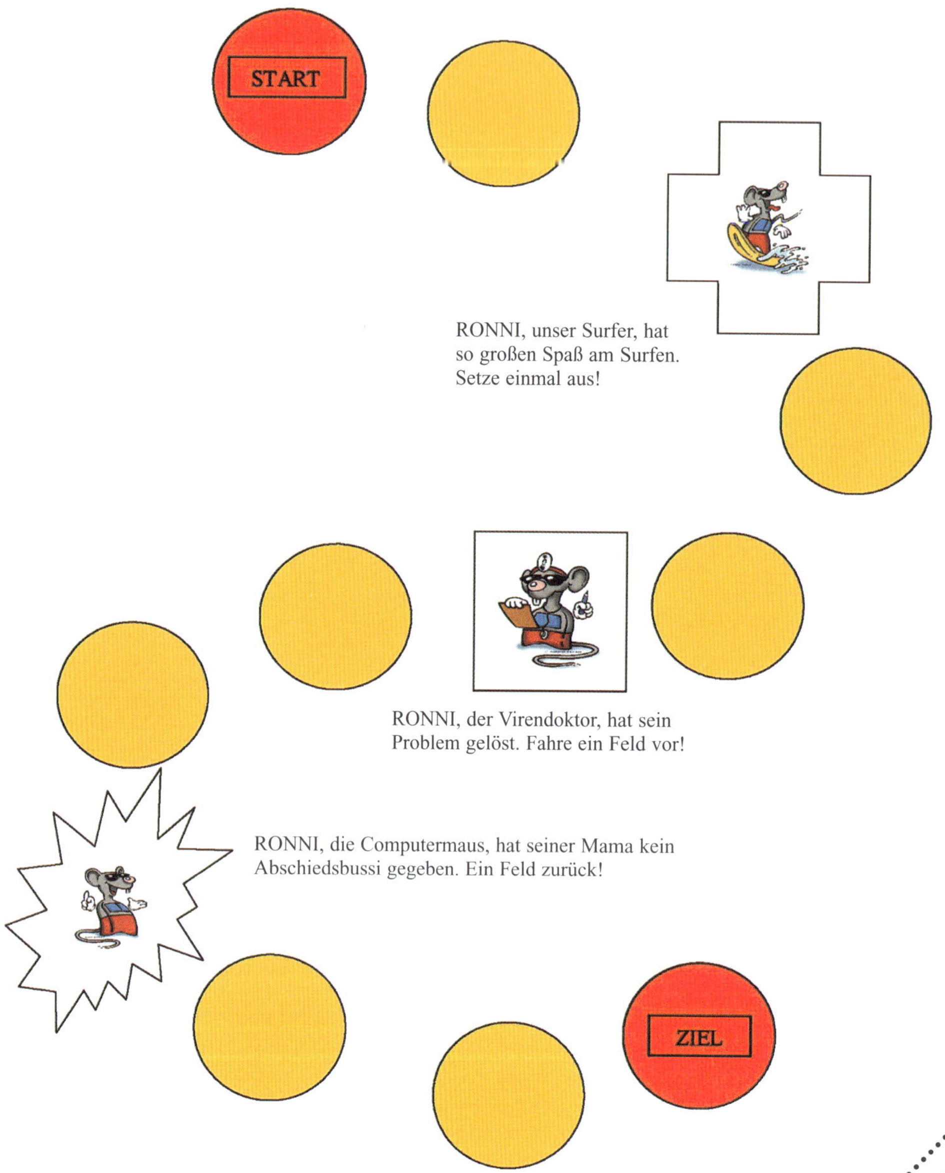

Beispiel 2

1. Starte **Paint** und male einen Berg, der etwa so wie in der Vorlage links aussieht.
2. Speichere dein Bild so ab, dass du es später wieder findest.
3. Starte **PowerPoint** und speichere deine Datei sogleich auf der Festplatte oder Diskette ab.
4. Beginne mit einer Titelfolie und schreibe den Text der Vorlage in das richtige Textfeld.
5. Schreibe in die Fußzeile die Seitennummer.
   Tipp: Die Fußzeile findest du unter dem Menüpunkt Ansicht/Fußzeile.
6. Füge außerdem deine Zeichnung – wie in der Vorlage – ein. Eventuell musst du sie in den Hintergrund stellen.
   Tipp: Rechte Maustaste – Reihenfolge – In den Hintergrund.
7. Die zweite Folie wird Organigramm oder auch Organisationsdiagramm genannt. Schreibe die Überschrift in das Textfeld und baue das Organigramm der Vorlage nach.
   Tipp: Wenn du eine Neue Folie einfügst, kannst du als Folienlayout das Organigramm auswählen. Probiere einfach die verschiedenen Möglichkeiten aus!
8. Färbe die Felder entsprechend der Vorlage ein.
   Tipp: Rechte Maustaste – Autoform formatieren.

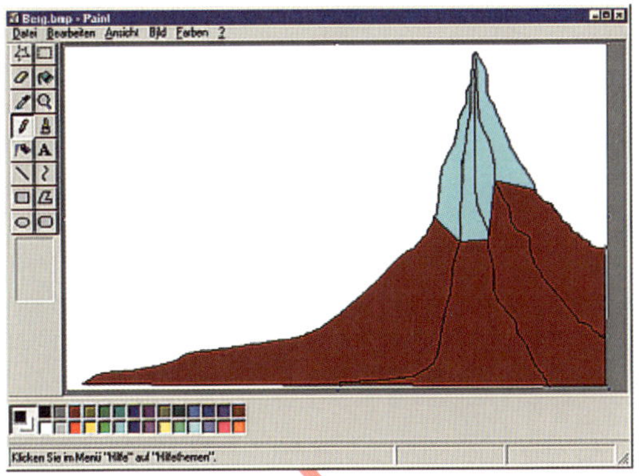

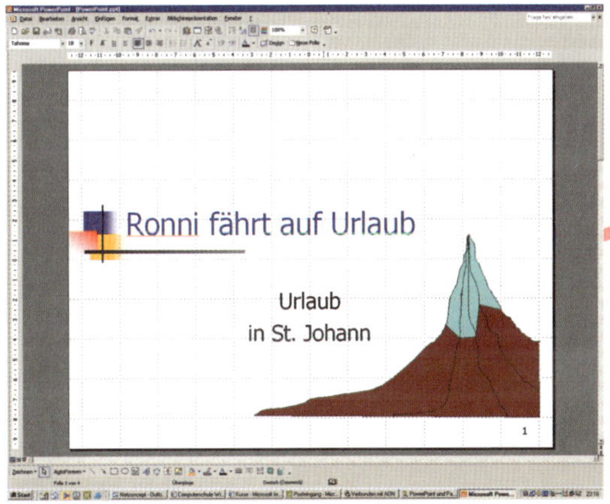

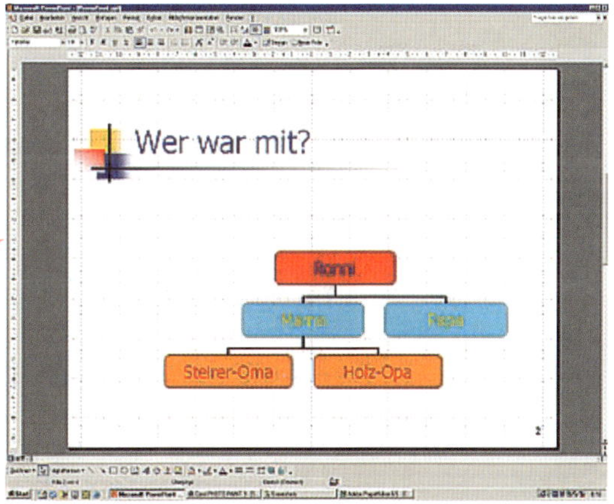

9. Als dritte Folie wähle eine Aufzählungsfolie. Verkleinere das Textfeld auf die Hälfte der vorgegebenen Größe und schreibe die Überschrift und den Text von der Vorlage in die dafür vorgesehenen Textfelder.
10. Füge Ronni ein. Du findest ihn unter www.computerolympiade.com/ronni. Solltest du keinen Internetzugang haben, füge ein passendes Clipart ein
11. Als letzte Folie wählst du eine Leere Folie.
12. Die Überschrift bastelst du mit Hilfe von Word Art.
13. Füge die beiden Ronnis (oder verwende Cliparts) ein und positioniere sie wie auf der Vorlage.
14. Nun weise jedem Ronni eine Sprechblase (Blockpfeile) zu, schreibe den Text aus der Vorlage hinein und fülle beide Sprechblasen rot mit gelber Schrift.
15. Die beiden Sprechblasen sollen nun einfliegen, die linke von links und schnell, die rechte von unten und ebenfalls schnell.
16. Nun weise deiner Präsentation die Entwurfsvorlage Übergänge zu.

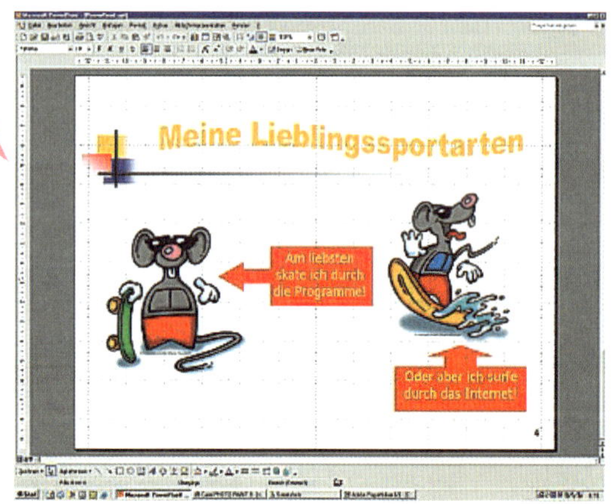